A mes défunts,

A mes proches.

Vivants ou morts,

Quelle différence ?

« On ne voit bien qu'avec le cœur,

l'essentiel est invisible pour les yeux. »

Antoine de Saint Exupéry,

Le Petit Prince

« Il est important que tu prennes conscience
Que cet écrit va changer ta vie.
Il va t'apporter plus que tu ne le veux,
Que tu ne le penses,
Et que tu crois en avoir besoin.
Il va te faire voyager
Et tu dois absolument l'écrire.
Jusqu'au bout ....

Cette fois
Ne t'attarde pas.
Remplis ta mission..
Nous t'aiderons.

L'amour est donné à celui qui le donne.
L'amour est universel.
C'est une énergie
Qui comble ou reprend,
Selon qu'on l'utilise à bon ou mauvais escient. »

Voilà comment commença l'écriture de ce livre, en 2016. Ou presque ....

Je vous emmène donc, à travers ces lignes, avec moi, dans mon monde, qui est aussi le leur, le vôtre, le nôtre.

Et je replonge ici dans mes souvenirs, pour vous conter l'apparition de ces êtres merveilleux qui colorent ma vie depuis plusieurs années maintenant : les défunts.

Le terme de « défunts » n'est d'ailleurs pas très à propos puisque ...... ILS SONT VIVANTS ! Bel et bien vivants. Bien plus que vous et moi parfois.

***

C'est dans ma salle de bains que cette jolie histoire a commencé. Et je vais donc vous la raconter.

Je me préparais un matin devant le miroir, lorsque je ressentis la présence d'une entité. Masculine. Je me retourne et le perçois plus nettement : un homme, de taille moyenne, voire petite, en costume, portant un chapeau et une moustache. Cet homme est venu m'indiquer qu'il était temps d'écrire. Il m'a directement donné le titre du livre :

« Un défunt qui vous veut du bien »

Rien que ça, ça met en confiance. Ca donne envie. C'est donc avec plaisir que j'ai répondu à sa demande. J'ai toujours rêvé d'écrire. J'aime prendre des notes, lire, griffonner, ... Cette demande est donc exactement en lien avec mon âme et ma personnalité.

Il est 8 heures, nous discutons quelques instants, il me donne les grandes lignes, quelques directives, puis décidons de nous retrouver plus tard.

Vers 10 heures, disponible désormais pour cette âme envolée, je m'installe donc dans mon bureau, face à mon ordinateur et me prépare mentalement et spirituellement à écrire. Sous sa dictée, par écriture intuitive.

« Pour commencer Mélanie,

mets-toi en valeur.

Dis ce que tu ressens,

ce que tu penses

de ce que tu fais. »

Je vais donc me présenter à vous et, me mettre en lumière, comme me le demande gentiment mon interlocuteur.

Je m'appelle Mélanie. J'avais 30 ans lorsque j'ai découvert mes capacités médiumniques.

Jusque là farouchement athée, il m'était absolument inconcevable ne serait-ce que d'imaginer que les médiums n'étaient pas des charlatans.

L'arrivée de ma médiumnité s'est faite plutôt brutalement, lorsque j'ai décidé de prendre un congé parental. Quelques semaines après, ayant emménagé un peu plus tôt dans une nouvelle maison, certains phénomènes commençaient à se produire : pas dans la nuit, bruits divers, impression de tempête dehors, vent dans les rideaux, rires d'enfants ...

Vous connaissez ces films d'horreurs basés sur des faits réels auxquels vous osez à peine croire tellement ça fait flipper ? Ben c'était chez nous ! Un vrai scénario, en chair et en os ... ou pas...

Incrédule et terrifiée face à ces évènements, j'ai décidé de faire quelques recherches sur le sujet. En parcourant un site dédié aux ressentis photos notamment, j'entendis, perçus des choses concernant les images de défunts (et de vivants) postées sur le forum. En lisant les commentaires, je me suis rendue compte que cela collait avec mes ressentis. J'ai donc voulu en savoir plus …

J'ai requis l'aide et l'appréciation de plusieurs professionnels, lesquels ont confirmé mes capacités naissantes. Je me suis alors mise en période de test.

Il m'a fallu quelques jours, quelques semaines, pour me rendre compte que :

1- Non je n'étais pas folle
2- Oui j'entendais bien des voix
3- Non ce n'était pas mon imagination
4- Oui ce que j'entendais et ressentais était réel et vérifié
5- Non je ne finirai pas en hôpital psychiatrique (en tout cas pas maintenant ....)

Je décidai donc de proposer mes services gratuitement, et cela pendant plus d'un an, afin de pouvoir obtenir un retour maximal des personnes m'ayant consultée, quant à mes capacités.

Cartésienne jusqu'au bout des ongles, j'avais constitué un tableau, via un classeur excel, afin de répertorier les comptes-rendus de mes séances de voyance et de contacts défunts. Je notais alors toutes les réponses, bonnes, excellentes, sans confirmation, les erreurs.

J'avais besoin de calculer, de vérifier, de quantifier. Le résultat fut troublant : j'avais plus de 80% de réponses exactes au bout d'une centaine de séances. Je n'en croyais ni mes yeux ni mes oreilles…. C'était donc vrai !!!

Des périodes de doute, de retrait, de fatigue m'ont souvent fait reculer. J'ai parfois même arrêté pendant des mois avant de reprendre contact avec mes guides spirituels, avec les défunts, … L'appel de la lumière et de la Source était toujours plus fort que tout.

Une fois, une amie médium me voyant évoluer m'a dit « Un jour tu devras faire un choix. » J'avais repris le travail après un an de congé parental et avais donc diminué le nombre de séances et services proposés. Ma réponse fut claire et nette : *« Jamais. J'adore mon métier. Je ne me vois pas du tout le quitter pour le monde de l'ésotérique ! »*

J'étais alors à l'époque formatrice libérale, dans le secteur médico-social. Educatrice spécialisée de formation, j'aimais mon travail et je ne me voyais pas du tout en changer.

Puis petit à petit j'ai accepté, lu, compris certaines choses, pour aujourd'hui en avoir une pratique quotidienne, respectueuse et affirmée. Pour aujourd'hui écrire, faire des conférences, des stages, partager mon vécu, mes connaissances et mes expériences. Pour aujourd'hui être en totale harmonie avec ma mission de vie et en alignement avec mon âme.

Pour moi, la mort n'est pas une fin. C'est la vie sur Terre qui n'est qu'une étape.

Les défunts, lorsqu'ils sont en contact avec moi, me parlent tous d'un amour inconditionnel, d'un amour transcendantal. Ils répètent souvent qu'il ne faut pas avoir peur de la mort. Que l'étape du décès doit être considérée comme une leçon pour les vivants qui restent et qui doivent apprendre à vivre sans leurs proches défunts.

Voici d'ailleurs un extrait d'un contact que j'avais eu avec une défunte : « Pourquoi avoir peur de la mort ? Pourquoi craindre la mort ? Nous ne sommes pas morts comme vous pouvez l'imaginer. Nous sommes vivants, à notre façon, de l'autre côté. »

Mon interlocuteur mystère reprend la parole :

« Ensuite parle de nous.

Qui sommes-nous ?

Que sommes-nous pour toi ?

Parle alors de ton ressenti à notre égard.

Comment nous as-tu connus ?

As-tu eu peur ?

Ne crains pas justement de mettre les formes

Et de nous représenter tels que nous sommes. »

Je replonge donc à nouveau dans mes souvenirs, non sans une certaine émotion.

Nous étions mi-septembre lorsque je me suis mise en congé parental. Nous avions emménagé dans cette belle et imposante maison 7 mois plus tôt. Vieille bâtisse, rasée pendant la guerre, entièrement reconstruite. Vieux parquet, vieil escalier en bois, de quoi vraiment laisser un charme intemporel à cette grande demeure bourgeoise, retapée et réaménagée quelques années plus tôt.

Fin octobre/début novembre, nous captions des phénomènes étranges (suffisamment pour m'interpeller). Le jour-même de mes premières recherches je « devenais » clairvoyante et clairaudiente. Je « devenais » n'est pas le terme exact. Car en réalité nous le sommes tous, à différents niveaux, degrés. Et nous le développons ou non. Selon nos envies, nos passions et surtout selon notre mission de vie.

Ma vie alors allait VRAIment commencer... Bien plus tard je lus le livre de Raphaëlle Giordano qui s'intitule « Ta deuxième vie commence lorsque tu comprends que tu n'en as qu'une ». Effectivement ... à trente ans, je compris enFIN le sens de la vie. De ma vie. Sur Terre. Mais pas que ...

Voir des images, entendre des prénoms, des chiffres, des dates, saisir des informations, fut pour le moins étonnant. Quelle ne fut pas ma stupeur lorsque ... questionnée par mes ressentis je lus sous les photos postées sur ce fameux forum que ce que je voyais, entendais et ressentais était réel.

Une, deux, trois, quatre, cinq photos. Tout était exact. Mon mental prit le dessus. « J'ai dû lire sans m'en rendre compte. » « Mon cerveau a dû enregistrer des informations laissées plus bas sur la publication sans que je ne m'en aperçoive. » Quand même....c'était très étrANGE. Mais absolument grisant !!! « Je sais des choses que les autres ne savent pas. Je peux deviner des choses sans même les demander. » Mon esprit était en ébullition ! Je cherchais à comprendre, tout en me persuadant que je rêvais. Je cherchais à en savoir encore plus, tout en fouillant pour trouver la faille.

Il ne me fallut que peu de temps pour décider d'utiliser et surtout de tester ces nouvelles capacités « paranormales ».

Je commençais donc à être de plus en plus « connectée ». Je ressentais les présences dans les lieux, près des gens, sur les photos. Je me retournais dans le couloir, apparemment vide. J'entendais marcher. Parler. Puis je vis. Des âmes, des présences, des entités. Je les vis comme translucides, parfois grisâtres. Je pouvais décrire leur taille, leur morphologie, leur coiffure, leur tenue. Et ils me montraient des choses : des lieux, des objets, des scènes. Puis je les entendis : des mots, des expressions, puis des phrases et messages très clairs.

Ils ne me faisaient pas peur. Lorsque je les captais de cette manière là. Jusqu'au jour où j'ai entendu clairement et très distinctement une voix masculine parler à mon fils (alors âgé d'environ 15 mois). Je l'ai entendue comme je vous entends. Un seul mot, mais absolument audible. Mon fils parlait à peine. Et ne marchait qu'à quatre pattes. Il s'était faufilé dans le couloir et je l'entendis dire « papa ». Je perçus alors une voix masculine lui faire écho en répétant : « papa ». Pensant que mon mari était rentré je le rejoignis dans le hall d'entrée. Mon fils était assis et regardait « en l'air », à hauteur d'adulte. Personne. Il n'y avait personne. Mon fils continuait de fixer ce point imaginaire qui aurait pu correspondre à la hauteur du visage d'un homme. Je le pris dans mes bras, fis descendre ma fille qui était à l'étage, et partis. J'avais eu tellement peur de cette manifestation dans la matière. Malgré mes débuts dans la médiumnité et ma confiance envers ce monde subtil et lumineux, j'avais eu terriblement peur.

Pour la petite histoire, notre jolie et grande maison avait été autrefois la maison et le commerce d'un coiffeur. Ce monsieur âgé était décédé dans son salon de coiffure, à l'endroit-même où j'ai entendu mon fils papoter avec ..... un mort !!!

Ce fut l'une des deux plus grandes peurs de mon expérience de jeune médium. La deuxième apparut quelques années plus tard. Nous avions déménagé (non pas pour les phénomènes susnommés, mais pour nous rapprocher de la mer, car originaire de la côte). J'avais décidé à l'époque de commencer à enregistrer mes séances grâce à un caméscope. Ceci afin de permettre aux familles endeuillées de garder un souvenir de notre rendez-vous. C'était alors sans compter sur la participation réelle et concrète des entités venues échanger avec nous pour l'occasion. Lors de mon premier « PVE » (Phénomène de Voix Electronique : voix de l'au-delà captée grâce aux outils électroniques, informatiques tels que les ordinateurs, téléphones, caméscopes, enregistreurs vidéos, etc…) j'ai alors à nouveau pris mes jambes à mon cou, mes clefs, mes gosses et … ..en bagnole !!!

Je pris quelques jours de réflexion, paniquée à l'idée que des entités puissent s'inviter ainsi dans ma vie et sur mes vidéos. Puis je compris …. Je compris que c'était une chance. Un immense cadeau. Ils avaient tellement confiance qu'ils utilisaient leur énergie propre pour laisser une trace. Tangible. Indélébile. Imparable.

Depuis 2015, j'ai ainsi capté des centaines (milliers sûrement même) de voix de défunts sur mes vidéos. Laissant parfois sans voix (c'est le cas de le dire !!!) les familles qui reconnaissaient l'intonation de leur papa, fils, mère, ou grand-mère. Non contents d'avoir eu la certitude que c'était bien eux grâce aux détails (parfois extrêmement troublants) que me donnaient leurs défunts lors de la séance de médiumnité, ces proches repartaient avec des traces, des preuves de la vie après la vie. Ils ressortaient ainsi le cœur plus léger, avec la conviction, cette fois absolument fondée, que leur bien-aimé disparu n'avait pas vraiment disparu.

« Parfois j'aimerais que les gens entendent ce que j'entends. » Voilà ce que je répétais sans cesse

auparavant. Tellement heureuse de voir et d'entendre. J'aurais tout donné pour que ce soit non pas moi mais le fils ou la femme de cette âme envolée qui capte ces images, ces phrases, ces mots, si importants et chers à leurs cœurs.

J'ai ainsi été exaucée. Car depuis, aucune vidéo ne ressort vide de bruits, de mots, parfois si doux .... Je me souviendrai toujours de ce « je t'aime » murmuré, d'une jeune fille pour sa maman, et pourtant tellement audible sur la vidéo (Vidéo sur laquelle d'ailleurs nous avons décrypté des dizaines de PVE*). Quels beaux cadeaux ces défunts nous font là. C'est absolument inestimable.

Aujourd'hui, loin d'avoir peur, je suis dans la gratitude face à ces âmes bienveillantes qui cherchent à communiquer. Qui cherchent tout simplement à nous dire « Youhou !!!! Je suis toujours là ! C'est juste que tu ne me vois pas !!! »

**Retrouvez toutes mes vidéos sur ma chaîne Youtube « Mélanie Médium »*

Le défunt présent à mes côtés reprend la parole :

« Maintenant concentre-toi.

Que vois-tu ?

Comment suis-je habillé ? »

Je décris donc cette entité qui s'est présentée à moi, ce matin-là, dans ma salle de bains, pour me dire que je devais écrire un livre …

Un homme de taille moyenne, en costume et pardessus, tons gris moyens. Le pardessus est posé sur les épaules, pas enfilé. Des chaussures cirées. Un style des années 50.

« Bien …. ! »

Un chapeau, type borsalino, en feutre, de couleur crème, marron clair. Une cigarette à la bouche, style cigarette slim. Des moustaches, très fines. Une allure dandyesque, très classe.

« Que ressens-tu à mon égard ? »

Je lui réponds donc directement. En échangeant mentalement avec lui (telle la télépathie). Nous n'avons pas besoin des mots de façon orale pour nous comprendre. Nous communiquons d'âme à âme.

« Je ressens de l'admiration. Vous dégagez une aura forte. Jaune claire, dorée, étincelante. Un charisme évident. Et une force. »

En allant faire des recherches sur les auras et leurs différentes couleurs, voilà ce que je pus trouver sur l'aura jaune doré :

« Le jaune dans l'aura représente la couleur de la spiritualité, le développement personnel et les capacités spirituelles. Plus le jaune dans l'aura est brillant et lumineux et plus l'évolution intellectuelle et spirituelle est grande. Le jaune dans l'aura est aussi la couleur de l'espoir, de l'optimisme, de l'amitié et de l'inspiration. Le jaune or reflète une énergie intellectuelle débordante, une spiritualité très élevée et du charisme. »

Effectivement …. Ça lui ressemble !

« Je m'appelle Julian.

Je suis à ton service,

Pour cet ouvrage,

Et pour le reste … »

Voici donc comment débuta cette aventure littéraire, en mars 2016 …. Avec cet écrivain à la plume dorée, empreinte de lumière et de légèreté.

Jamais je ne me serais imaginée être conduite par leurs mains, être guidée par leurs paroles, pour raconter, mon histoire, leur histoire, l'histoire de l'humanité… de l'Ame-Unité…

Bienvenue donc, dans ce conte éveillé, dans cette douce rêverie aux yeux ouverts. Bienvenue dans leur monde, le mien, le nôtre, le vôtre. Bienvenue dans ce petit coin…de paradis.

Un parfum de paradis

Mars 2016

Imaginez-vous .... Un champ. Immense. Teinté de soleil et de bonheur. La douce chaleur vous berce, une fine brise vous apaise. Vous regardez les prés à perte de vue. Vous êtes dans un endroit à part. Dans une réalité parallèle. Une sorte de passage féérique, où tout le monde rêve d'aller. Un endroit empli de bien-être, où tout n'est que sérénité.

L'amour est partout. On le sent, on le respire, on l'ingurgite, on l'avale, on le perçoit, on le vit.

C'est magique et tellement réel à la fois ...

Vous y êtes. Vous êtes dans leur monde. Le vôtre. Le nôtre ...

Vous êtes de l'autre côté du miroir.

Là où l'on rêve d'aller. Ce que les chrétiens appellent paradis. Ce que les puristes appellent énergie divine, matrice, Source.

Vous ressentez ses bienfaits ? Cet apaisement ? Ce souffle de bienveillance qui vous caresse le visage ? Doucement ... légèrement ...

Vous êtes entouré et rempli de chaleur, de bien-être. Vous êtes le bonheur ...

Julian reprend alors la parole et me guide dans cet au-delà, tellement apaisant…

« Concentre-toi.

Que vois-tu à présent ? »

« Une lumière. Une forte et vive lumière. Jaune très clair. Au bout de ces champs. »

J'avance vers elle. J'avance et j'ai l'impression que je n'avance pas. Comme lorsqu'on cherche le pied d'un arc en ciel, et qu'on ressent que plus on avance plus il recule…

J'avance et je ressens la chaleur de cette lumière, sa force, sa présence. Je la sens s'intensifier, se développer. Mais je la vois toujours au loin.

Je la ressens comme si, plus j'avançais, plus elle entrait en moi, comme un faisceau lumineux, un faisceau d'amour et de bienveillance, un faisceau qui grandit, qui s'élargit.

Je ressens fortement cette chaleur au milieu de mon thorax, elle me transperce. Je la sens ressortir de moi, passer à travers moi. Chaude, douce, pleine de compassion. Comme pour me dire :

« Je te pardonne.

Tu es amour,

Tu n'es qu'amour.

Tu es la bienvenue. »

Plus j'avance, et plus je ressens cela. Plus j'avance et plus je ressens qu'elle me parle. Intuitivement, intérieurement. Elle communique avec moi.

J'ai toujours des champs à perte de vue, et cette lumière en fond, face à moi, pleine et chaleureuse, dont les rayons me transpercent et ne font plus qu'un avec mon corps.

Les effets se distillent en moi : dans mes bras, dans mes mains, mes jambes.

Je regarde mes mains : elles scintillent, elles brillent, pleines d'étoiles.

Je les porte à ma bouche, comme pour goûter cette chaleur, cette douceur. Comme pour voir le goût qu'elle a. Je les porte à ma bouche, mais je ne ressens aucun goût.

Seulement des étoiles, tout autour de la bouche, qui scintillent, comme des milliers de brillants et qui illuminent mon visage et mon regard.

Je vois toujours ces champs et cette lumière, mais maintenant à travers ces scintillements. A travers ces milliers d'étoiles jaunâtres.

Je me sens apaisée, comme soulagée, d'être accueillie ainsi. D'être pardonnée de ma vie terrestre, comme si je m'étais pardonnée à moi-même.

J'entends une voix, à l'intérieur de moi, dire « Approche ».

Arrêtée quelques instants pour contempler et goûter ces étoiles, je reprends donc ma marche, mon avancée, comme sur un tapis roulant. Sans avancer vraiment...Et pourtant ...

Je commence au loin à percevoir des ombres, des formes humaines, de part et d'autre du chemin, très floues. Comme des dizaines, des centaines d'hommes et de femmes, le long de ce chemin, qui me regardent.

J'avance et je les vois, translucides, comme flottant au dessus des champs.

Je ressens leur force et leur union. Je ressens ce qui les lie les uns aux autres. Je ressens ce lien invisible et cette bonté qui les anime.

J'avance au milieu de cette haie d'honneur, ce halo humanoïde, et je ne ressens ni peur ni questionnement. Je ne me demande pas qui ils sont : ILS SONT.

« Laisse-toi porter par tes intuitions,

Elles sont bien souvent très bonnes.

Replonge-toi dans notre monde,

Tu y es si bien .... »

J'avance donc parmi ces êtres, entre transparence, et effet de volupté. Ils apparaissent à moi comme des êtres bienveillants, ayant enfin trouvé une place, ayant enfin trouvé le chemin, l'apaisement.

Je ressens leurs sourires, leurs yeux emplis de sagesse. Je ressens leurs cœurs pleins d'histoires. Terminées, mais pleines de leçons. Je ressens leur douceur.

Je ressens aussi, plus j'avance, que leur présence se resserre. Plus j'avance, plus le chemin devient étroit.

Je les sens tout à côté de moi. Mais je n'ai pas peur.

Je suis intriguée. Pleine d'émotions.

J'aimerais comprendre qui ils sont, ce qu'ils font, comment ils sont arrivés là, comment ils vivent, ce qu'ils savent.

Ont-ils changé ?

Comment peuvent-ils être tous aussi sereins ?

J'avance au milieu de ces présences. Désormais, leur marche se referme derrière moi. Ils me laissent passer et ferment le chemin ensuite. Ils me regardent avancer, de loin, et restent à ma suite.

Ils sont des milliers, peut-être plus. La notion quantitative ici n'a plus de sens. C'est très étrange à expliquer. Comme si l'on n'avait plus besoin de compter : les âges, les minutes, les heures. Comme si cette notion n'avait ici aucun sens, aucune consistance, aucune existence.

J'ai l'impression d'être si loin de chez moi. Loin de tout, de toute chose.

Et pourtant…

Je n'ai pas peur. Je suis bien.

J'avance sereine. Sans inquiétudes.

Je commence à voir grossir cette lumière, en arrière plan.

Elle est belle. Lumineuse. Pleine de chaleur … et d'amour. Elle est ronde, et à la fois elle remplit tout l'espace. Elle est indivisible. Comme entière et profonde.

J'avance et je cherche à nouveau à l'entendre. Car je sais que c'est elle qui me parle, intérieurement. Mais je n'entends plus rien.

J'avance. Calmement. Un pas après l'autre. Comme un chemin que j'aurais mérité. Comme une route tracée que je me dois de suivre, sans poser de question, ni chercher à comprendre, à rationnaliser. Ce chemin est peut-être le mien, ou alors est-ce celui que nous empruntons tous ? Une fois arrivés « là-haut » ?

« Tu es dans la matrice,

L'infinie matrice.

Dans le terme matrice

Entends « mère de toute chose ».

Tu es posée là,

Ici,

Avec nous,

Avec toi-même.

Parce que tu t'y es invitée

Parce que tu t'y es faufilée. »

J'entends cette voix très clairement, comme quelqu'un qui me parle, face à moi. Une voix douce et calme. Apaisante et rassurante.

« Tu es ici car tu dois savoir,

Tu dois comprendre,

Pour leur apprendre.

Tu dois transmettre Mélanie,

Le secret de toute chose,

La vie après la vie.

Tu dois avancer Mélanie

Vers cette Lumière

Pour en percer le mystère.

N'aie aucune crainte. »

« Je n'ai pas peur » m'entends-je répondre.

« Nous te guiderons.

Tu apprendras

Et nous te transmettrons. »

Je ressens à nouveau l'enveloppement, la chaleur de cette infinie lumière. Je ressens sa douceur et sa complétude.

Je me sens bien. Comme protégée.

Vient alors à ma droite une entité, qui se démarque du rang des personnes qui longent mon chemin à travers champs.

« Qui es-tu ? » me demande-t-elle

« Je m'appelle Mélanie.

Je suis médium, parait-il. »

Je réponds cela intuitivement, sans même réfléchir.

Même si après coup, cela me semble bizarre comme réponse...

« Tu es médium ?

Et que sais-tu de nous ? »

« Tout et rien à la fois.

Je suis humble et tends à le rester.

Mon univers n'est pas le vôtre,

Mais je tente de cohabiter. »

Cela le fait rire. Je ne me reconnais pas moi-même dans mes propos. Il y a comme un naturel empreint d'une certaine spontanéité. Comme poussée à répondre, sans même réfléchir.

Nous sommes arrêtés. Je suis debout, droite, et je dialogue avec cet être à ma droite, sans vraiment le regarder.

« Parle-nous de toi. » me demande-t-il.

« Je suis une jeune femme qui a découvert son don par l'intermédiaire de votre monde. J'ai été entourée, dérangée. Et je me suis alors ouverte à vous. »

« Ne l'as-tu jamais été vraiment ?

Te sens-tu réellement prête à entendre ce que nous avons à te dire ? »

« Oui je le suis. »

Au fond de moi, aucun doute, aucune peur, aucun sentiment de gêne. Je suis. Tout simplement.

« Alors suis-nous. »

Il avance et je l'accompagne, lentement. Tous les autres nous suivent. Nous cheminons donc sereinement vers la lumière.

Il me dit :

« C'est la Source de tout,

De l'Univers,

C'est l'Univers lui-même,

Le créateur

Et la création.

Tout ne fait qu'un

Et inversement. »

Je pourrais rester dubitative ou poser des questions, mais j'écoute et j'enregistre. Comme naturellement. Comme on apprend d'un grand maître. On ne le contredit pas, on ne le questionne pas. On écoute, on accepte. Et ainsi on apprend.

Cette entité a tout dit. Ce TOUT m'enveloppe et m'emplit. Je sens les entités et ce monde « magique » s'éloigner peu à peu.

Cet échange se clôt ainsi. Il se rouvrira quelques semaines plus tard avec un autre défunt, une autre aventure : Jean.

Jean et ses cahiers d'écolier

Juin 2016

Lors d'une séance de contact défunt, un dénommé Jean se manifeste. Le défunt père du mari de la consultante. Pas prévu initialement pour la séance, mais dont c'était l'anniversaire ce jour-là.

Il se manifeste à moi. Pour moi.

Il me montre des petits cahiers d'écriture. Comme des cahiers d'écolier.

Ancien instituteur, ce détail ne m'étonne guère.

Mais ce sont les siens, ses cahiers de vie, du quotidien.

Il les feuillète, et se tourne vers moi.

Je comprends qu'il est là pour moi. Et qu'il m'attend. Pour (re)travailler sur cet écrit …. Le mien.

La fatigue et le manque de temps me font le congédier. Pour nous rejoindre quelques jours après.

Lorsque je le retrouve, il est silencieux. Il a les mains croisées.

Son regard se mélange au mien et le transperce.

Ses lèvres sont toujours fermées, serrées, et pourtant, je sais qu'il me parle.

Il lit dans mes pensées. Et je lis dans les siennes.

« Tu dois avoir la trouille ?

Tu n'as pas peur que ta vie change ? D'un coup ? »

Il retourne à ses petits cahiers d'écolier et les feuillète.

« Moi les miens n'ont rien donné.

Ils n'avaient rien à donner.

Mais le tien, celui que tu t'apprêtes à publier,

Lui va changer la vie.

Pas seulement la tienne,

Mais celle de milliers de personnes avec toi.

Tu vas entraîner dans ta course

Des centaines d'êtres en perdition,

Des mères de famille,

Des acharnés du travail,

Des séniors en fin de parcours,

Des jeunes en questionnement, ...

Tu vas aider des gens,

Que tu ne connais même pas,

Que tu ne connaîtras jamais.

Mais ton âme va guérir la leur.

Grâce aux nôtres ... »

Un silence se fait. Chacun se tait.

Je prends conscience de l'ampleur de ces paroles. Je prends toute la mesure de la tâche qui m'est donnée. Je ne veux pas les décevoir. Je veux aider.

« Aider ?

Tu n'as que ce mot à la bouche.

Aider c'est bien plus que ça.

Aider c'est donner,

C'est partager,

C'est s'enrichir.

Aider c'est aimer

Sans retour

Sans attaches

Sans compassion ni soumission.

Aider c'est être altruiste dans l'âme et dans le cœur. »

« Est-ce que tu aides ? »

« Oui je pense …. »

« Est-ce que tu t'aides ? »

…. Pas de réponse ; je baisse les yeux.

Avez-vous déjà ressenti ça vous aussi ? Ce sentiment de faire beaucoup pour les autres et peu pour vous ?

Cette impression de donner plus aux autres qu'à vous-même. De vous surpasser sans compter pour ceux que vous aimez, mais sans savoir parfois faire ne serait-ce qu'un petit pas vers vous-m'AIME.

De dépenser sans compter (et je ne parle pas là que de matériel et d'argent, mais aussi de temps et d'investissement), mais ne pas savoir vous offrir quoi que ce soit, ou si peu...

C'est à cela que me renvoie alors Jean à cet instant précis. A cette incapacité de m'aimer aussi fort que j'aime les autres. A cette défaillance personnelle qui pourtant apporte tant à ceux qui m'entourent. A ce manque de moi à certains moments. A cette perte de vue parfois, de mes propres intérêts. A ce faux altruisme, qui s'apparente parfois plus à ce besoin d'être utile, de servir, pour être visible, aux yeux du monde.

Quelle place pour soi alors ? Quelle place pour moi ? ....

Jean avait touché mon cœur et mon âme en quelques secondes.

J'étais sans mots. Ni pour lui, ni pour moi.

« Aide-toi et le ciel t'aidera.

Tu ne connais pas ?

C'est pourtant vieux comme le monde

Aide toi et le ciel t'aidera ... »

Comme pour appuyer ses propos, il ne dit rien. Et retourne vers ses petits cahiers d'école.

« Tu sais Mélanie j'ai changé

Tout le monde change ici,

Tout le monde.

On avance,

On évolue,

Appelle ça comme tu veux,

Mais on ne stagne pas.

On ne reste pas inchangé de ce passage vers l'au-delà ;

On y apprend et ressent des choses jusqu'alors inconnues,

Ou non maîtrisées.

On est humble lorsqu'on arrive ici,

Tout petit.

Tu comprends ?

Tout est tellement grand,

On ressent tellement cette petitesse

Face à l'humanité toute entière,

Qu'on ne peut se contenter de penser béatement à soi.

Alors on regarde

Tout autour

Et on comprend.

On appréhende le monde différemment.

Plus rien n'a de sens à nos yeux

Que ce que notre cœur nous renvoie.

Plus rien n'a de saveur

Que ce que notre âme ressent.

Aucun souvenir ne nous est épargné lorsqu'on arrive ici.

Aucun.

On doit faire avec.

Et puis ça passe.

On arrive alors à un nouveau stade

Où l'on grandit

Encore .....

Cette grandeur d'âme

On l'acquiert avec le temps.

Certains restent bloqués dans le premier programme,

D'autres vont très vite,

Très fort,

Très loin.

Il nous arrive même encore de régresser,

De retourner en arrière,

Parce qu'on croit avoir appris,

Avoir compris,

Et que ce n'est pas le cas.

On croit avoir passé un cap

Mais pas tout à fait en fait .... »

Il me regarde enfin dans les yeux.

« Mélanie ta vie va prendre un tournant,

Un sacré tournant.

Es tu prête à l'accepter ? »

« Oui car je suis à vos côtés. »

« Bonne réponse ! »

Il se retourne à nouveau vers ses petits cahiers.

« Tu vas retourner toi aussi à tes disciples,

A tes élèves.

Et plus tu avanceras avec nous,

Plus tu leur apporteras.

Plus tu nous écouteras,

Plus tu leur donneras.

C'est ça aider Mélanie :

C'est partager. »

La discussion se termine ainsi. Avec ce sentiment que ces derniers mots le concernent aussi.

Merci Jean pour ce partage.

Merci pour votre amour de la vie et des humains

Merci ….

Ce rappel à moi-même m'émeut aux larmes. Je me retrouve alors bouleversée par ces propos. Face à moi-même. Face à la responsabilité, et l'urgence d'être moi-même.

Etre bienveillant passe d'abord par soi. Pour aider l'autre, je dois savoir m'aider (m'aimer) moi-même.

Cette réflexion chemine à mes côtés régulièrement depuis.

Et lorsque je l'oublie … Je me rappelle le regard transperçant de Jean, et ses mots pleins de sagesse.

Le temple

Je poursuis donc ma quête de savoirs et de connaissances auprès de mes guides et des défunts que je rencontre, au gré de mes séances.

Un guide spirituel m'emmène alors un jour dans un genre de « temple ».

C'est comme un lieu de culte, mais flottant. Comme s'il émergeait au milieu de rien. Calme et très reposant. Comme si dans ce lieu nous pouvions laisser notre esprit de côté, tranquille, apaisé.

Comme si on pouvait le mettre sur pause, le temps d'un instant. Un instant ...

Je me laisse porter par cet état de grâce, et je n'ai même pas besoin de « faire le vide », comme certaines bonnes vieilles méthodes de méditation le préconisent.

Ce « temple » est un lieu tellement à part qu'il me transporte et laisse sur place mes idées, mes préjugés, mes préoccupations, mon ego, mon mental.

Je me laisse porter par cet état de légèreté et j'observe ce temple qui flotte devant mes yeux, tel un monument d'accueil et de recueillement. Tel un lieu d'apaisement.

Il inspire le respect. Et le silence.

Je le contemple. De loin. Mais il en impose.

Je ressens ses énergies de loin : bienfaisantes, apaisantes. Comme si le simple fait de le visualiser me permettait déjà d'être bien.

Je n'y entrerai pas, pas cette fois. Mais je sais qu'il est là, au milieu de rien, au milieu de TOUT.

Il est là, en moi et hors de moi. Hors du temps et dans l'instant présent. IL EST. Tout simplement ...

Et vous ... ? (Re)connaissez-vous votre temple intérieur sacré ?

David, un ange parmi les anges

Août 2016

Lors d'une consultation avec sa maman*, David, décédé à l'âge de 20 ans, a été interpelé par « une dame » (une guide vraisemblablement). Nous discutions tous les deux (trois avec sa mère), lorsque j'ai entendu une voix féminine appeler David. Il a alors tourné la tête vers elle et …., sans un bruit, sans un mot, ils ont communiqué. D'âme à âme, d'esprit à esprit. Puis j'ai entendu (ou compris ?) *« Dis lui, elle a le droit de savoir. »*.

Il fut donc convenu que David et moi nous retrouvions après la séance afin de discuter, car j'avais bien senti qu'il avait envie de partager et d'échanger sur des sujets plus larges, pouvant toucher l'humanité.

Je commence donc ma conversation avec David.

« Bon, je ne suis pas venu là te faire la morale.

Je suis venu là pour t'éveiller,

Pour te faire comprendre certaines choses,

Pour éveiller ta conscience

**Voir la vidéo « Contact défunt David 04août2016 * Mélanie Médium »*

Et celle des autres.

Je suis venu leur dire

De ne pas avoir peur.

Les évènements tragiques

Qui ont retenu votre attention vont s'apaiser

Temporairement. »

Il parle des attentats de Paris et de Nice notamment, en 2015 et 2016.

« Mais il est impératif de rester vigilant.

Non pas de faire attention,

Se cacher,

Eviter certains endroits.

Mais de rester vigilant en son cœur.

Il est trop aisé de critiquer, juger.

Il est trop aisé de ne pas discerner le faux du vrai.

Les médias détruisent les informations,

Les déforment et les arrangent à leur façon.

Restez attentifs à vos cœurs.

Que ressentent-ils ?

Que déploient-ils ?

Des armes de haine, de guerre ?

Ou des armes de paix et de fraternité ?

La vie, aussi rude qu'elle puisse paraître,

N'est qu'une expérience grandeur nature.

Vous en êtes les joueurs, les acteurs.

A vous de savoir ce que vous en faites.

Il est étrange parfois

De constater que des épreuves négatives

Construisent et renforcent ensuite du négatif.

Cela devrait être l'inverse :

« J'ai souffert, je ne veux plus souffrir,

Je vais donc ouvrir mon cœur

Et faire différemment. »
Voilà ce que vous devriez vous dire.

La télévision n'ouvre pas vos cœurs,
Elle les enferme dans une propagande
Télévisuelle et marketing.

Rien de ce que vous voyez n'a de sens
Qu'en votre propre cœur.
Rien de ce que vous vivez n'a de valeur
Qu'à vos propres yeux.
Vivez à travers vous-même
Avant de chercher à vivre à travers les médias

Ces informations vous pourrissent la vie.
Elles ne sont d'ailleurs pas sources d'informations
Mais de propagandes.
Je le répète.

Les faits sont les faits,
Nous ne les nions pas.
Les actes sont là,
Nous ne les nions pas.

Mais les partager, diffuser ces horreurs,
N'aidera en rien.
Vous propagez ainsi l'horreur en vos cœurs
Et les fermez.

Regardez autour de vous,
Vivez
L'instant présent
Et respirez l'air qui entre dans vos poumons.
Soyez conscient du moindre bruit,
Du moindre mouvement.

Voyez le papillon voleter autour de vous,
L'éclat du soleil brûler vos yeux,
La pluie ruisseler sur votre peau,

La chaleur vous faire transpirer.

Vivez !

Vibrez !

L'information vient de là,

De là-haut.

Ouvrez vos cœurs

Et vous saurez. »

Cela fait écho en moi. Avant chaque évènement important, tornade, séisme, attentat, je ressens un mal-être inconnu et indescriptible. Je suis mal, mais je ne sais mettre en mots mon malaise. Je ne sais le comprendre, ni lui attribuer de cause tangible. J'ai beau chercher, chaque fois c'est pareil. Après avoir cogité, cherché, je saisis alors … l'intensité de mon mal … puis j'attends, impuissante, que l'Univers fasse son œuvre. Les yeux rivés sur les actualités.

Je demande à David s'il indique là que les gens (comme moi) qui ressentent, pressentent les choses, quelques jours avant les évènements tragiques, sont des gens qui, comme il le demande, ont ouvert leur cœur. Voici sa réponse :

« Vos cœurs sont ouverts depuis votre naissance.
Chaque action négative,
Remarque désobligeante,
Tragédie,
Expérience malheureuse,
A contribué à le fermer.

Il n'y a que vous qui ayez la clé.
Que vous qui puissiez,
Petit à petit,
Rouvrir les volets
Et faire entrer
Le souffle de la vie

Rien de ce que vous voyez ou entendez vraiment
N'est régi par le souffle de vie.
Il est régi par vous,

Les humains.

Par vos fonctionnements.

Vos ondes, vos radios,

Vos technologies, vos communications

Ne sont rien

A côté de la communication de cœur à cœur

Rien »

Il me montre une expérience à mettre en place. Deux personnes face à face. Debout. Qui se regardent, sans parler. Et qui se concentrent pour ne communiquer que par leur cœur. Au cœur de l'autre, en face de l'autre. Durant cinq minutes.

Je me rendrai compte ensuite, après quelques recherches, que cette expérience a été menée à plusieurs endroits de par le monde. Et qu'elle a eu des effets absolument probants et déconcertants.

Je m'en sers donc depuis, lors de certains stages que je mène, afin d'introduire la présentation des participants de manière plus intuitive, plus humaine et plus profonde. Dès la première utilisation de ce procédé, les résultats furent immédiats : une cohésion de groupe s'était mise naturellement en place. Des moments intenses et intimes furent partagés, des complicités naissaient.

« Il est bien plus révélateur d'ouvrir son cœur

Que sa mémoire.

Nous créons ce que nous voulons

Au plus profond de nous.

Chaque cellule est imprégnée de vos souhaits.

Ainsi plus vous aspirez à la beauté,

Plus la beauté surviendra

En vous et autour de vous.

Portez toujours en vos cœurs une trace positive,

Une ouverture.

Laissez passer la lumière de l'autre

Et de la vie,

Pour vraiment ressentir

Le flux divin

Qui est en chacun de vous. »

20 ans ….Ce gamin avait 20 ans …

Une telle sagesse dans ses propos, une telle grandeur d'âme.

Et toi là qui nous lis ? … Que faisais-tu à 20 ans ? A quoi pensais-tu ?

Etais-tu porteur de tant de beauté ? De tant d'amour pour le monde ?

Bien-sûr son statut de désincarné lui donne cette ferveur et cette hauteur que nous, pauvres humains, n'avons pas.

Bien-sûr son statut de résident de l'au-delà lui procure cette fougue et cette verve que nous, pauvres terrestres, n'égalons pas.

David, je pense souvent à toi. Tu as marqué ma vie de médium, mon parcours d'extralucide, mais tu as surtout marqué ma vie d'humaine. Tu as fait de moi un être un peu plus éveillé. Un peu plus ouvert. Un peu plus à l'écoute. Merci.

Je suis le maître à bord

Août 2016

« Je suis le maître à bord !

A bord je suis le maître ... »

Ces paroles de chanson résonnent encore tellement fort dans ma tête et dans mon cœur.

Je le revois, souriant, le micro à la main, du haut de ses quelques quatre-vingts printemps, chanter à tue-tête. Pour la famille, pour lui, pour son passé, ses douces années.

Un caractère bien trempé. Un matelot chevronné. Ingénieur de la marine.

Un grand homme. Petit. Mais très grand ...

C'est seulement de nombreuses années après son décès que je reçois (enfin) un message de sa part.

Un message ... de mon arrière grand-père maternel, François

Je ne « dérange » pas les défunts, je les laisse venir à moi, ou alors je leur donne rendez-vous avec leurs proches. Mais il est très rare que je prenne l'initiative, encore moins pour moi, de les contacter pour leur demander quoi que ce soit. Je les laisse évoluer, à leur rythme, de l'autre côté.

Cet été là … cet été là, mon chagrin est grand. Ma peine est palpable. Ma souffrance me rend blafarde. Alors je m'enferme dans mon travail. Je m'acharne sur le boulot, pour ne pas m'acharner sur moi-même.

Il fut à mes côtés. A sa façon. Et je l'en remercie.

« Tu as du travail,

Mais je veux te parler.

Ecoute bien ce que j'ai à te dire

C'est très important.

Ne relate ces faits que s'ils te parlent,

Que s'ils ont une importance pour toi,

A tes yeux,

Et pas aux yeux du monde. »

J'ai donc gardé précieusement ses mots, réfléchi, puis opté pour la parution de ces belles paroles dans mon ouvrage. Car quoi de plus beau que les doux mots de ses aïeux. Quoi de plus précieux que la parole de défunts proches. Il avait sa place ici. Comme il l'a dans mon cœur. Il avait sa place ici, car il a les mots justes. Ceux de celui qui a bourlingué, cheminé, avancé, sur son chemin terrestre et son chemin spirituel. Il avait sa place ici, car je voulais partager avec vous, cette foi qu'il a mise en moi.

Car je sais que certains de mes lecteurs sont déjà des « éveillés », médiums, voyants, énergéticiens, ou autres thérapeutes du bonheur et de la vie. Car je sais combien la confiance en soi est un travail du quotidien, tellement fragile et si énergétivore. Car je sais combien il est bon d'entendre des autres, et des défunts, combien, eux, nous font confiance.

Puisse cette confiance que mon arrière grand-père a mise en moi résonner en vous-même et en vos cœurs. Puisse votre propre confiance grandir avec ses mots et vous emplir vous aussi de joie et de fierté.

« Il m'est arrivé plus jeune

de me demander ce que je foutais sur terre

Ou plutôt dans ce coin de la terre. »

Pour information, nous vivons dans les Hauts de France, sur la Côte d'Opale. Et, bien que ce coin soit très joli, il n'est pas encore répertorié dans les coins les plus exotiques et visités du monde …

« J'ai voyagé,

Vécu d'autres choses,

Vu d'autres paysages,

Et j'ai compris.

Que ma vie était ici,

Ici plutôt qu'ailleurs.

Parce que c'est ici qu'on m'attendait

Ici que j'avais à travailler

Ici que ma vie se construirait

Avec toi

Et tous ces enfants. »

Mon arrière grand-père a eu 5 enfants. Sa fille, ma grand-mère maternelle, a eu elle aussi 5 enfants, qui ont eu 10 enfants et lui ont donné 5 arrières petits enfants. Et cela sans compter mes cousins, mes cousines, mes petits cousins, petites cousines, grands oncles, grandes tantes ….. Une famille formidable ! Pleine de vie et de joie.

Je me souviens tellement fort de ces après-midi plage tous ensemble. Une vraie tribu. Leur maison à 10 minutes à pied du bord de l'eau, nous nous embarquions alors dans une traversée dantesque, pelles, seaux, transats et parasols à la main …. C'était une belle et fine équipe… « Tous ces enfants ».

« Tu es l'une des rares de la famille

à partager ces qualités

De ressentis

Et de détails.

Tu comptes beaucoup pour moi.

Tu as su partager des faits

Et des choses réelles et précises

Qui ne peuvent qu'émouvoir.

Tu es faite pour ce métier.

N'en fais jamais une lacune,

N'en aie jamais honte,

Ne te dévalorise pas,

Surtout pas,

Et fais en sorte au contraire

Que tout le monde autour de toi y croit. »

A l'heure où j'écris ces lignes pourtant, sa fille, ma grand-mère maternelle, ne sait pas encore ce que je fais vraiment. Elle sait que je faisais de la formation professionnelle. Nous en sommes restées là.

Je n'ai pas osé. Pas eu le courage. De lui dévoiler ma vraie mission sur cette Terre. J'ai essayé pourtant, plusieurs fois. En vain. Avec cette impression qu'elle (et mon grand-père) ne sont pas prêts. N'est-ce pas plutôt moi ???

Mon adorable grand-père, son mari, est un fervent cartésien et défenseur des droits humains. La peur alors d'être jugée me prend aux tripes à chaque fois que j'y vais. Et j'évite le sujet.

Que diraient-ils ? Que penseraient-ils ? Moi l'ancienne athée, l'ancienne cartésienne, l'ancienne rebelle ? Me croiraient-ils ? Me feraient-ils confiance ?

Quelle déception ce doit être alors pour mon arrière grand-père, de là où il est, que de me voir coite par ce secret.

Doucement, avec amour, je leur dirai. Ce livre, ses mots, me donneront la force, un jour... de leur avouer. De leur expliquer. Que leurs proches défunts ne sont autres que mes plus fidèles alliés. Que la sœur de mon grand-père ne fut autre que l'une de mes protectrices pendant quelques années. Que la mère de ma grand-mère ne fut autre que la première personne à m'éveiller, à se présenter à moi, chez moi. Je leur dirai un jour combien ces défunts tiennent encore à eux. Et combien ils sont bien, heureux, et fiers de nous, dans cet univers parallèle qui est désormais le leur. Je leur dirai ...

« Parce que tu es passionnée

Tu y arriveras.

L'objectif n'est pas de te faire mousser.

(Il fait un jeu de mot avec le rôle de mousse qu'il a eu étant jeune.)

L'objectif est de partager,

De faire comprendre,

Que nous sommes là,

Bien vivants,

De l'autre côté,

Tout à côté de vous.

Je ne suis pas sûr que ça va marcher,

Il va encore falloir des années,

Pourtant c'est ce qui va vous sauver. »

Il parle ici de l'humanité, de l'âme-unité comme le dit si bien Nicole, une défunte très évoluée.*

Effectivement on constate depuis quelques temps une très nette évolution du nombre d' « éveillés ». Chacun à sa manière, à son niveau, commence à croire, à laisser une place à l'ésotérique et à la spiritualité, même infime. A la réflexion quantique et à la prise de conscience.

**Voir « L'âme-unité », page 84*

Le chemin est encore long et certains esprits restent fermés. Il est donc de notre devoir que de les éclairer.

« Donne le meilleur de toi Mélanie
Tu ne le regretteras pas.

Tu es protégée,
Nous veillons sur toi.
Ne donne que ce que tu peux
Et laisse le reste à faire aux autres.

Le travail est partagé,
Vous êtes tous des messagers.

Certains s'ignorent,
D'autres en prennent conscience petit à petit.

Toi tu es déjà avancée,
Profites-en
Et prêche ta bonne parole,

Ta douce parole.

Celle qui fait du bien,

Celle que l'on retient

En son cœur

Comme une douce prière.

Ne verse pas de larmes. »

Ah ben si un peu quand même …. Vous imaginez, vous, des mots pareils venant de la bouche de l'un de vos proches, qui plus est, disparu ? Vous imaginez-vous le bien que cela peut procurer ? Vous qui peut-être faites aussi partie de ces belles âmes porteuses de messages universels, par ces mots je vous partage l'amour et la confiance que j'ai reçus en ces mots. Je partage avec vous cette belle expérience de l'amour inconditionnel. De l'amour sans frontières.

« Tu n'as pas de temps à perdre.

Tu vas vivre des choses formidables,

Extraordinaires.

Tu ne vas pas en revenir.

Tu vas voyager,

Voir du monde,

Et du pays.

Tu vas apprendre des choses

Et des langues,

Tu vas partager

Pour le plus grand bonheur de tous.

Crois en toi,

Vis pour toi

Et laisse le flot te suivre.

Plus tu marcheras droit,

Plus tu avanceras,

Plus ils te suivront

Et plus ils seront nombreux.

Ils ont foi en toi

Et nous aussi.

Méfie-toi de toi-même,

Tu es la seule arme qui puisse t'exterminer.

Méfie-toi de tes aprioris,

De tes jugements,

De ton manque d'expérience.

Méfie-toi de tes idées préconçues

Et fie-toi à ton feeling,

A ton pif,

A ton flair.

C'est ce qu'il y a de mieux

Quand on veut avancer en amour,

Dans la bonté inconditionnelle

Et l'amour de son prochain.

Tu es pleine de bon sens Mélanie,

Tu sauras toujours t'en sortir

Et rebondir.

Utilise nos paroles Mélanie,

Utilise-les au maximum

Pour partager les énergies

Que nous véhiculons à travers toi.

Utilise notre force

Pour la faire tienne.

Je crois que j'ai terminé mon travail à tes côtés

Pour aujourd'hui.

Merci de m'avoir écouté.

Merci d'avoir pris le temps

Et de me croire.

J'ai confiance en toi

Plus que tu ne le crois. »

(Je lui dis que je prie pour lui.

Il m'arrête .....)

« Ne prie pas pour moi je n'en ai pas besoin.

Prie pour toi

Et pour tous les autres.

Ce sont vous les êtres à protéger.

Nous, nous avons fait notre temps,

A vous de faire le vôtre.

Je suis fier de toi ma petite fille.

Puisses-tu continuer longtemps ainsi

Et ne plus douter.

Je t'aime fort. »

L'amour inconditionnel, intemporel. Celui qui dépasse tout. Les montagnes et les nuages. L'espace et le temps. Cet Amour avec un grand A est souvent évoqué par ces âmes parties de l'autre côté. Un amour puissant, intense, sans conditions ni limites, sans âge, sans attentes ni retour. Un amour innommable, indéfinissable.

J'ai eu la chance de le ressentir à plusieurs reprises. Lors de séances de contacts défunts notamment. Cette force d'amour, cette source inépuisable et infinie, qui nous transperce tellement fort que les larmes nous montent.

Repensez très fort à un moment d'amour intense, votre mariage, la naissance de vos enfants, une cérémonie heureuse, une annonce qui change votre vie, ... Repensez-y très fort, revivez ce moment, cette chaleur, ce sourire aux lèvres, ces larmes au bord des yeux, ce rouge aux joues, ces papillons dans le ventre .....

Et bien cet amour inconditionnel, cette force vitale, cette source de TOUT, n'est même pas comparable à ces petits bouts de bonheur que vous venez de faire ressortir du passé.

Cet amour inaliénable est une énergie si puissante, qu'elle nous transcende, qu'elle nous magnifie. C'est une énergie absolument indéfinissable, inépuisable et surtout, à la portée de tous.

Car cette source, nous la portons en nous, en chacune de nos cellules.

Tout est sans fin

Novembre 2016

Après un contact défunt magnifique et magnificient avec Joseph et Clara*, deux êtres désincarnés d'une beauté d'âme illuminante, Joseph est revenu me parler en fin de journée.

« Il n'y a aucune limite à vos possibilités.

Tout est sans fin,

Sans fond.

Vous êtes sans limite. »

Après une heure de séance déjà extraordinaire, je sens à nouveau via ce début d'échange par écrit, la force de leur amour, inconditionnel, me transpercer. La force de leur connaissance, de leur foi en l'humanité.

**Voir la vidéo intitulée « Contact défunt et TCI Clara et Joseph 03nov2016 Mélanie Médium »*

« Les seules impossibilités sont créées par votre mental

Et le carcan intellectuel et moral qui vous a créés :

La société. »

Effectivement. Quand on prend un peu de hauteur, on peut aisément se rendre compte des normes, des barrières, des interdictions, des règles, qui nous sont imposées. Mais aussi que nous nous imposons. Par peur. Par habitude. Par éducation.

Combien de choses n'avez-vous pas osé faire par crainte de décevoir ? Par crainte d'être déçu ? Combien de lieux n'avez-vous pas visité par peur : des transports, de ne pas savoir parler la langue, de ne pas aimer la nourriture, d'être malade, d'être piqué par les moustiques ? Combien de personnes n'avez-vous pas étreintes par risque de vous sentir ridicule, gêné ; par peur d'être rejeté ?

Et qui vous a dit que vous alliez décevoir ? être ridicule ? tomber malade ? Vos parents sans doute. Entre autre. Vos amis, vos collègues, votre médecin, votre frère, votre meilleure amie. Chacun venant transposer, à sa manière, et dès votre plus tendre enfance, ses propres peurs sur vous. Sur vos propres projets.

« Ne touche pas à ça. C'est dangereux ! »

« Change de chemise, ça fait ridicule. »

« Ne te coiffe pas ainsi tu ressembles à un clown. »

« Si j'étais toi je ne lui dirais rien. Tu vas le regretter. »

« Moi je n'irais pas dans ce pays là. Il fait trop chaud. Et on mange trop épicé. »

« Ne dis pas des choses comme ça, tu vas me gêner. »

« Hors de question que tu fasses ce sport ; tu vas te blesser. »

La vie en société renforce ce pouvoir qu'ont les autres sur nous, et que nous avons sur les autres. Chaque mot « négatif » posé à notre intention crée en nous de nouvelles peurs, de nouveaux blocages. Et nous cultivons ces craintes et ces restrictions, justement par peur...C'est un cercle vicieux.

Joseph nous rappelle donc que tout est possible. Oui, TOUT est possible. Pour vous l'illustrer, je vais vous partager l'histoire de la grenouille.*

**Texte trouvé dans une vieille église de Baltimore en 1692 - Auteur inconnu*

L'ALLEGORIE DE LA GRENOUILLE

Il était une fois une course de grenouilles.
L'objectif était d'arriver en haut d'une grande tour.
Beaucoup de gens se rassemblèrent pour les voir et les soutenir.
La course commença ...
Les gens ne croyaient probablement pas
possible que les grenouilles atteignirent la cime,
et toutes les phrases que l'on entendit furent de ce genre :
« Elles n'y arriveront jamais ! »
Les grenouilles commencèrent à se résigner,
sauf une, qui continua de grimper et les gens continuaient :
« Quelle peine !!! Elles n'y arriveront jamais ! »
Les grenouilles s'avouèrent donc vaincues, sauf une.
Toujours la même grenouille qui continuait à insister.
A la fin, toutes se désistèrent, sauf elle.
Seule et avec un énorme effort,
elle rejoignit le haut de la cime.
Les autres voulurent savoir comment elle avait fait.
L'une d'entre elles s'approcha pour le lui demander.
Elle découvrit alors ... qu'elle était sourde !

Morale :
*· * N'écoute pas les personnes*
qui ont la mauvaise habitude d'être négatives,
car elles volent les meilleurs espoirs de ton cœur.
*· * Rappelle-toi toujours du pouvoir qu'ont les mots*
que tu entends ou que tu lis.
*· * Sois toujours positif*
*· * Sois toujours sourd*
quand quelqu'un te dit que tu ne peux réaliser tes rêves.

« Il n'est pas plus grand cœur que le vôtre,

Plus grande âme que celle qui est abritée par votre corps.

Tu sens cette chaleur qui t'emplit ?

Cette douce lueur d'un espoir infini ...

Tu es toi-même infinie :

Une infinie puissance,

Une infinie douceur,

Un infini amour.

Tu es infinie

Et infiniment grande,

Et petite à la fois.

Tu es tout,

Et tout est toi. »

A la relecture de ces mots, quelques mois plus tard, je ressens encore cette puissance infinie qu'évoque Joseph. Cette unicité dans l'unité. Ce grain de sable dans cet univers absolument infini. Sans limites ....

« Tu es une âme qui en contient mille ;

Tu es mille âmes qui en contiennent une. »

Je comprendrai plus tard que mon âme a vécu et vit simultanément tellement de vies différentes. Moi qui doutais de tout cela il y a quelques années, je me retrouve aujourd'hui propulsée dans cette prise de conscience de la simultanéité des expériences de l'âme.

Au tout début de ma médiumnité, je communiquais avec des défunts, prédisais l'avenir et ressentais le présent et le passé. Mais en aucun cas je ne croyais aux vies antérieures.

Trois ou quatre ans après, j'ai commencé à m'ouvrir à cela. Puis j'ai reçu des informations, me concernant. J'ai travaillé autour de cela, et ai accompagné de nombreuses personnes dans leurs régressions vers leurs vies passées.

Par la suite, je percevais par clairconnaissance que ceci était erroné. Car le temps n'existe pas. Ni dans l'au-delà, ni ici. Il est une création terrestre. Pour se repérer, créer des espaces de temps dans lesquels on puisse s'organiser.

Mais le temps est subjectif. Il peut nous paraître long ou court, selon qu'on attend des résultats d'examens ou qu'on passe des vacances formidables. Une heure peut nous sembler le double, ou peut nous sembler quinze minutes. Tout est relatif.

C'est dans cette nouvelle acceptation que j'ai conscientisé que ma vie actuelle n'était pas jalonnée de vies passées et de vies futures, mais plutôt de vies parallèles, se diffusant en des lieux et des temps différents de ceux que j'incarnais « aujourd'hui ».

« Tu détiens toutes les vérités,

Mais tu ne vois que celles que ton cœur veut bien te montrer,

Ce que tu l'autorises à te dicter

C'est-à-dire une infime partie,

Un rien par rapport au tout. »

Alors là, je prends une claque en pleine figure ! « Je ne vois que ce que mon cœur veut bien me montrer. » Cela signifierait donc que je n'ouvre pas assez mon cœur ? Que je ne l'écoute pas assez ? Que je fais plus confiance à mon mental et à la raison qu'à mon cœur et à mon intuition ?

Evidemment, dans ces questionnements, c'est à nouveau mon ego et mon mental qui prennent la parole. Mon cœur lui, laisse la porte ouverte, ou plutôt entrouverte.....Et ces paroles me rappellent qu'il ne tient qu'à moi de l'ouvrir en grand, et de contempler les merveilles qui s'y trouvent.

« Tu es bien plus que tu ne l'imagines.

Tu es tout en toi,

Et toi en tout :

Tu ES.

Va au-delà des préjugés

Et des attentes de la société,

Et de ton entourage.

Va au delà de tes propres limites.

Vois comme ton cœur est immense

Et complètement indépendant

Mais interconnecté.

Au tout

Et à tous.

Vois comme la vie t'offre d'infinies possibilités :

D'évoluer,

De grandir,

De marcher,

De t'élever

En conscience

Et en amour.

Tu es aimée.

Bien moins par toi que par nous.

Bien moins par ta propre âme

Que par nous tous réunis »

Joseph touche ici un point sensible : l'amour de soi. Qui mieux que moi pourtant devrait savoir m'aimer ? Qui me connaît mieux que moi-même ?

Quel manque d'amour nous avons pour nous, pauvres humains. Délavés de cet amour inconditionnel qui nous nourrit de la Source jusqu'ici, nous arrivons sur Terre tels des handicapés de l'amour. Privés de l'essenCIEL. Obligés de tout réapprendre : s'apprécier, s'aimer, ne pas se juger, se faire confiance, ne pas s'autocensurer, s'accepter tel que l'on est, se complimenter, se chérir, s'honorer, et reconnaître la part de divin qui est en nous.

Et toi lecteur ? T'aimes-tu tel que tu es ? Honores-tu la divinité qui sommeille en toi ? Rends-tu grâce chaque jour-née pour la belle âme que tu incarnes ? …

« Et pourtant …

Tu as besoin de t'affranchir

Des préceptes idéaux de l'occident.

Tu as besoin d'explorer,

De découvrir,

Ce qui peut t'apporter.

Vole Mélanie !

Vole de tes propres ailes.

Et laisse-toi parcourir des milliers de kilomètres

Pour grandir et te forger. »

Après ces mots, et des mois d'hésitations et de tergiversations entre mes peurs, mon stress et mes « oui-mais », ces mots ont pris chez moi un peu d'ampleur et de densité et se sont matérialisés : je décide donc (enfin !?) de parcourir les sentiers de France (pour le moment) afin d'aller à la rencontre de ces milliers de personnes qui me suivent, parfois au quotidien. J'accepte l'abondance et la chance qui m'est offerte d'explorer l'UNI-VERS. Je sors de cette fameuse « zone de confort » dans laquelle je m'étais sagement installée (ou confinée ?).

Je décide d'utiliser les ailes que l'on m'a données pour voleter, papillonner, explorer, ce monde si MERE-VEILLEux qui m'entoure.

« Non pas de nouveaux idéaux,

Non pas une nouvelle culture,

Mais pour ouvrir ton cœur au monde.

Pour ouvrir ton âme à la beauté de ce qui t'entoure.

Ouvrir ton âme à l'amour qui t'entoure
Et qui est en toi,
Que tu ne vois pas,
Qui est immense,
Infini.

Vois comme tu es aimée
Et aime en retour.
Aime la vie,
Aime-toi,
Aime le monde,
Aime les autres,
Aime ton prochain.

Car il est toi-même.
Il est une partie du tout
Comme tu l'es aussi.

Aime infiniment,

Aime spontanément,

Comme le monde le fait pour toi. »

J'ai en effet pris depuis l'habitude de remercier chaque soir au coucher, mes anges gardiens, mes guides spirituels, mes défunts, mon âme, Dieu, l'Univers, pour toutes les choses que j'ai apprises et/ou acquises dans la journée, pour ma santé, celle de ma famille, pour le toit au dessus de ma tête, pour les belles personnes que j'ai rencontrées nouvellement. Je ne prie pas. Je rends grâce. A ma vie. A la vie.

« Tu mérites de découvrir

Le meilleur en toi.

Tu en sais si peu

Sur toi comme sur le monde.

Tu en sais si peu

Et pourtant déjà tant,

Que ton cœur croit exploser,

Que ton âme se sent grisée.

Tu es comme une plume au vent :

Laisse-toi porter

Et virevolte

Comme un grain de poussière,

Unique

Et si fragile.

UNI-que . »

L'âme-Unité

Janvier 2017

Communication avec Nicole, décédée en 2011.*

Bien que son décès ne soit pas très ancien, Nicole a une facilité à communiquer et une grandeur d'âme stupéfiante. Cela nous rappelle à nouveau que l'évolution d'une âme ne peut être comparée à celle d'une autre.

Pour illustrer mes propos je vais vous donner deux exemples qui ont marqué ma carrière de médium.

J'ai appris un jour le décès d'une dame vers 8h30 du matin car j'ai ressenti sa présence et son odeur. Or, elle avait une cinquantaine d'années, aucun souci de santé et est morte brutalement dans son sommeil, sans signes avant-coureurs. Elle était partie vers 3h30, dans la nuit, et 5 heures plus tard elle me contactait déjà, sans que je n'aie eu encore connaissance de sa mort.

**Voir vidéo « Contact défunt Nicole 25janv2017 Mélanie Médium »*

A contrario, une dame un jour m'a sollicitée pour un contact défunt avec sa maman décédée depuis plus de vingt ans. La séance fut laborieuse, l'entité « fuyante » car en manque d'énergie. J'ai remarqué qu'elle avait peu évolué de l'autre côté depuis son départ et que la communication était difficile. Pourtant, terrestrement, elle était partie depuis plusieurs décennies.

Aucune situation n'est équivalente à une autre. Tout dépend des conditions du décès, de l'âge du défunt, mais surtout.....SURTOUT de l'ascension de son âme, en général, et de ses choix d'évolution.

Il est de notre devoir de médium que de respecter cela. D'aller à leur rythme. Voire, de les laisser tranquilles, lorsque nous sentons que le contact est difficile.

Chaque âme a droit au respect. Incarnée ou désincarnée.

Nicole ce jour-là m'a donc fait l'immense joie d'échanger autour de ses propres perceptions de l'au-delà. Selon sa propre élévation. Et ses capacités à me retransmettre tout cela par écrit.

«Je ne suis plus dans la matière,

Je suis comme une poussière

Sur laquelle on pourrait souffler
Et qui s'étirerait
A l'infini.

Je suis comme une étoile
Qui brille à vos côtés.

Je suis comme le soleil qui vous réchauffe
Et parfois vous transperce.

Je suis une énergie
D'amour et de lumière.

Je ne suis plus ce corps
Qui m'a fait tant souffrir.

Je ne suis plus cet être
De chair et d'os.

Je suis une lumière

Pour vos vies.

Une lanterne éclairée

Pour vos douces pensées.

Je suis comme au firmament ... »

Je vous invite à prendre quelques secondes. Pour imaginer, et mettre en vision, les mots de cette belle âme désincarnée. Les voyez-vous ? Ces étoiles filantes ? Ce soleil ? Ces poussières étincelantes ? Les ressentez-vous ? Fermez les yeux ....

Nicole crée ici en moi une magnifique image qui restera gravée dans mon cœur. Faite de lumières, de ciel étoilé, de soleil radieux. Nicole a réchauffé mon cœur et mon âme. Et je la remercie pour ces magnifiques instants de visualisation.

« Je n'ai jamais voulu être une vedette

Et pourtant c'est sans hésiter Mélanie

Que j'ai sauté dans le train en marche

Pour écrire à 4 mains ce texte. »

Nicole me fait rire. Elle a encore dans ses mots la crainte d'être jugée, comme elle a pu peut-être l'avoir été durant sa dernière vie terrestre. Et elle a pourtant su dépasser ses peurs pour partager ici avec nous ce qu'elle a de plus cher : ELLE. Ses mots, sa vie, sa vision des choses, son expérience.

MERCI

« Je voulais dire au monde

Combien il est joli.

Je voulais vous montrer

Combien vous pouvez en être fiers

Et combien vous aussi

Vous pouviez l'aimer.

Je vous laisse donc

Fermer les yeux

Et l'imaginer

Avec tout votre cœur,

Avec toute votre âme

Vous le voyez ? »

Ici c'est clairement et explicitement que Nicole nous demande à nouveau de voir, de ressentir, d'ouvrir notre cœur à cette représentation qu'elle a du monde.

Alors suivez son conseil, accédez à sa demande, fermez les yeux….et profitez !

« Lui si petit pourtant

Comparé à l'immensité

De notre Etre-Unité.

Ici c'est l'infini.

Chez vous c'est l'infini.

En vos corps et en vos cœurs.

Tout n'est qu'infini

Et puissance.

Vous n'imaginez pas

Que vous détenez en vous

Le miracle de la vie

Et de la mort.

De la renaissance

Encore et encore,

A l'infini.

Vous détenez en vous

La plus puissante source d'énergie :

L'AMOUR.

Puissiez-vous la partager,

L'offrir,

La diviser,

La multiplier.

Elle sera toujours présente.

Toujours.

Quoi que vous fassiez.

Alors cultivez-la,

Aimez-la

Pour ce qu'elle est :

La source de TOUT. »

Je suis subjuguée par cette force, cette puissance, cet amour absolument sans faille, qu'elle tend à dégager de par ses paroles denses et intenses.

Je ressens encore en moi, plusieurs mois plus tard, à la relecture de ces mots, la chaleur immense, de l'infinie puissance du cœur.

***

Nicole est revenue une ou deux heures plus tard en me susurrant ceci à l'oreille :

« L'humanité n'est pas le mot juste ....C'est l'âme-unité. »

Cette remarque prend alors tout son sens. Nicole ouvre en moi une nouvelle porte, elle fait de moi une micro-unité, un petit bout d'infini. Je prends à nouveau conscience, de ma place dans ce monde, de mon infinie petitesse, mais aussi de mon infinie grandeur. Un tout à l'intérieur du tout.

Je suis un rien et un tout à la fois. Je SUIS.

Nicole est d'une sagesse et d'une finesse qui me laissent sans voix, ou plutôt non, qui me donne envie de sourire, de rire, de partager ce bel échange, ce beau moment. Elle est de ces âmes que l'on rencontre et qui illuminent notre journée, et notre cœur tout entier.

Au moment même où je rédige ces lignes, de drôles de phénomènes ont « envahi » mon ordinateur....Je les laisse faire, et se manifester à leur manière.

Merci Nicole de ce bel éclairage sur le monde.

Merci Nicole de partager votre savoir et votre sagesse avec nous.

Les Maurice

Mars 2017

Maurice est un être désincarné depuis quelques années lorsque sa conjointe me demande de le contacter pour une séance privée. Au fil de nos échanges, j'apprends que Maurice fut une figure médiatique de sa région. En effet, ce monsieur était considéré comme l'Abbé Pierre du pays de la lavande. Un grand homme, au grand cœur, dans le partage et dans l'amour de son prochain. Une vie dédiée à l'aide.

Son profil de l'autre côté manifeste encore cette grandeur d'âme. Maurice terminera sa séance en faisant une prière pour moi, puis pour sa femme. Il s'éclipsera en devenant peu à peu traversé de lumière, de part en part. Un moment intense, riche en amour divin, et en émotions.

Maurice revint quelques instants après pour me souffler ces mots.

« Vis chaque instant comme un instant d'éternité,

Car il n'y a pas plus de minutes, ni d'heures,

Que de temps qui passe.

Tout ceci n'est qu'illusion de l'esprit,

Une méthode pour vous apprendre à poser vos actes,

A faire les choses consciemment

Et en tirer des enseignements.

Rien n'est plus juste (dans le sens restrictif)

Que cette notion de temps, de timing,

Dans vos vies débridées et parfois insolites.

Vous n'avez rien d'autre à faire que fermer les yeux

Pour sentir le temps vous échapper

Et sortir de cette matrice infinie et indéfinissable.

Laissez-vous porter

Par votre cœur.

C'est votre unique allié.

Tout le reste n'est que supports, outils,

Pour vous faire travailler

La chair, le temps, les contraintes, ….

Tout ceci n'est qu'un poids utile

Pour vous accrocher à ce plan terrestre

Dont actuellement vous dépendez.

Cette attraction terrestre que vous ressentez,

Mais que physiquement,

vos scientifiques ne savent décrire de manière entendable,

(c'est à dire de manière à ce que tous s'entendent sur le sujet)

N'est qu'un outil créé pour vous faire rester ici

Et uniquement ici.

Vos voyages sur d'autres planètes sont vains d'ailleurs

Car ils ne vous mèneront nulle part.

Nulle part tant que vous n'aurez pas compris

L'importance de ce que vous avez à faire sur Terre.

Vous êtes des sujets, semblables les uns aux autres,

Que nous avons volontairement « modifiés »

Afin d'en créer des modèles uniques.

Uniques, et pourtant issus de la même souche :

L'amour.

Laissez-vous donc porter

Par ce bel élan d'amour inconditionnel

Qui vous nourrit à la source,

Afin d'évoluer et de cheminer

Vers un avenir plus serein.

Soyez à vous-même,

Soyez pour vous-même

La seule et l'unique personne

Pour qui vous devez avancer. »

Les mots de Maurice sont un magnifique cadeau. Sa première phrase d'ailleurs me rappelle étrangement les mots de mon défunt grand-père, nommé lui aussi Maurice qui m'avait dit une nuit, lors d'un voyage astral : *« Chaque seconde est merveille. »*

Ces mots résonnent encore en moi comme des perles précieuses, comme un diamant enfoui à l'intérieur de mon cœur, étincelant chacune des secondes qui égrènent ma vie depuis.

Ces deux Maurice ont éclairé ma vie, chacun à leur façon, avec leurs mots et leur présence surtout.

Je ne les remercie pas ... car mon cœur rejoint le leur et s'unit à leurs prières.

Un mot représente bien cette union d'âme à âme, de cœur à coeur : NAMASTE.

Le doute et l'homme

Allan, avril 2017

Je suis tranquillement en vacances, lorsqu'un défunt se présente à moi. Allan. Il souhaite échanger et m'indique que ses paroles doivent figurer dans mon ouvrage. Je m'installe donc, feuille et crayon à la main, pour l'écouter.

Il semble être arrivé à point nommé. Lors d'une situation de doute, de remise en question profonde. Est-ce un hasard ? ... Vous aurez, je pense, compris que non. Car le hasard n'existe pas. Il n'y a que des synchronicités. Des évènements de vie qui nous permettent de comprendre, de ne plus douter, de nous reprendre, de nous questionner, de nous ouvrir, de nous rencontrer.

Merci Allan pour ce rappel. Et ce beau rendez-vous.

« Il n'y a pas de hasard.

Il n'y a que des rendez-vous. »

Paul Eluard

« Le propre de l'homme est de douter.
C'est ce qui vous maintient sur Terre,
Ce qui vous permet de vous ancrer,
De vous enraciner.

Si vous n'aviez aucun doute
Comment vivriez-vous ?
Vous attendriez tant de nous,
Vous nous dévoreriez en énergie.

Nous ne sommes pas craintifs,
Mais plutôt réticents
Pour l'instant
A ce que tout le monde croit.

C'est pour cela que nous ne nous montrons pas
Ou partiellement.

Ne le prenez pas mal
Mais vous n'êtes pas prêts. »

Effectivement. Tout le monde n'est pas encore prêt. A croire, à voir, à entendre. Et visiblement ce n'est pas leur objectif non plus. Du moins pas à court terme.

Le monde évolue, change, se métamorphose, vit de grands bouleversements. Mais les êtres humains ont besoin de temps. Pour vivre encore des incarnations denses, dans la matière. Et pas forcément perchés là haut dans les nuages avec leurs défunts et les anges.

Il va nous falloir encore du temps, de la patience, et beaucoup d'amour, pour faire évoluer les mentalités, et rappeler à l'humanité d'où elle vient VRAIment, REELlement.

« Le continuum espace-temps

Est pour vous un repère tellement bien ancré en vous,

Que vous ne sauriez comment faire autrement.

Que vous ne sauriez appréhender

La mesure de ce que nous avons à vous proposer.

Il est de nature humaine d'être méfiant.

Restez-le.

Grand bien vous fasse. »

A ce moment précis, je me demande si Allan est ici ironique, satirique, en colère, sarcastique ... Puis mon mental se repose trente secondes, et l'infinie divinité de mon âme ressurgit en mon cœur pour me dire : « Bien-sûr que non ! Allan est sincère et objectif dans ses propos. Il juge qu'actuellement nous avons encore besoin de nous protéger, de rester méfiants sur certains sujets. Afin d'éviter probablement, et notamment, de nous disperser, d'ascensionner trop vite et trop fort et risquer de ne plus rester suffisamment ancrés terrestrement. »

« Vous avez encore du chemin à parcourir

Avant d'arriver à vos fins.

Bien des millénaires vont passer

Avant que vous vous résolviez

A nous accepter

Tels que nous sommes.

Des êtres égaux

Et différents à la fois.

Des êtres suprêmes,

Tout autant que vous l'êtes.

Le plus dur pour vous

Est d'accepter ceci :

Vous êtes des Dieux. »

Ouahhhhhhh ! Carrément ! Des Dieux !!! ???

A la lecture des mots qu'Allan me fait écrire, je frissonne. Des Dieux !?... Des Dieux genre « des demi-Dieux » ou des Dieux genre « vous êtes capables de tout ». Ou peut-être des Dieux style « tous les frères de Dieu ».

Mon mental chauffe à nouveau, mais mon cœur le raisonne en lui expliquant que nous sommes tous issus de la Source. Qu'elle fait toujours divinement partie de nous, telle une étoile étincelante et incandescente qui réchauffe et guide notre âme vers la Lumière.

« Regardez les choses en face :

Vous n'êtes pas prêts !

Doutez,

Doutez mes doux agneaux !

La leçon prendra fin,

Chacun à votre rythme,

Lorsque vous aurez enfin assimilé

Que nous ne sommes finalement pas différents,

Puisque nous ne faisons qu'un. »

Assimiler. Voilà une notion que je travaille depuis quelques temps. Assimiler ce que l'on vit, ce que l'on est, ce que l'on reçoit, ce que l'on partage. ASSIS-miler. Se poser, pour prendre toute la mesure des choses.

Je prends alors une pause. Et m'assieds en mon cœur. Pour mieux l'écouter.

Faites une pause vous aussi. Fermez les yeux. Et posez une main, doucement, sur votre cœur. Pour ressentir la chaleur de cette petite flamme, cette petite étincelle, issue de la Source, infinie.

Je ressens alors très clairement en moi cette unité. Je la ressens par tous mes pores, par toutes les strates énergétiques, physiques, émotionnelles, spirituelles de mon être. Je la ressens entièrement. Elle est moi. Je suis elle. C'est une évidence. Un bien-fondé dans lequel j'ai toujours baigné.

Je suis lui. Et il est moi

Je suis mon voisin, ma sœur, mon amie, ma mère, mon père.

Tout à la fois

Cette boule multi facettes et multicartes…

Je SUIS.

C'est clair, limpide, comme une notion que je connaissais déjà, que j'avais enfouie en moi. Je le sais depuis toujours. Ce message vient de me le rappeler.

Puis, comme un soufflet, tout redescend. Je sens cette sensation d'unicité se dissiper, pour me fondre à nouveau dans la matière, égotique et égocentrique. Dans ce flux matérialiste et égoïste qu'est la masse humaine.

Je ne me sens alors plus UNE mais une … Je ne me sens alors plus UNICITE, mais unité, dans le sens négatif du terme. Je me sens seule. Un individu perdu dans cette immensité d'autres individus.

Les contacts défunts ne sont pas toujours apaisants. Ils ont aussi pour but de nous faire évoluer. La réflexion fait partie de ce chemin de médiumnité. La remise en question est un point crucial de ces capacités hors du commun ... et pourtant ... offertes à tous.

Cet orage spirituel prend fin en quelques instants, alors même que finalement ... il ne fait que commencer :

Qui suis-je ? ...

C'est finalement cette question que vient me poser cet être désincarné. Et que je vous invite à vous poser aussi.

Qui êtes-vous ? Qui sommes-nous ?

Après relecture de cet échange, et une réflexion éclair, je me demande si ... non, ce n'est pas possible, ce serait trop beau !!!

Ce prénom en effet n'est pas sans me rappeler le père du mouvement spirit, Monsieur Allan Kardec, de son vrai nom, Hippolyte Léon Denizard Rivail, né en 1804 et mort en 1869. Pédagogue français, il est le fondateur de la philosophie spirite ou spiritisme.

Dans son très célèbre « Livre des Esprits », il partage d'ailleurs très clairement sa vision de la médiumnité :

« Une fois désincarnés, les morts peuvent communiquer avec les vivants, soit directement, soit par l'intermédiaire de médiums de manière visible ou invisible. »

Cet Allan serait-il donc ce grand Monsieur de la philosophie spirite à laquelle je n'adhère pas toujours ?

Allan Kardec aurait-il voulu ici me réconcilier avec ses ouvrages et ouvrir en moi une nouvelle porte ?

Je ne le sais pas, je ne le saurai peut-être jamais.

Mais quoi qu'il en soit, qui qu'il soit, merci Allan pour ce merveilleux cadeau.

Le papelard de Gilles

13 Avril 2017 ; 7h37

Nous sommes le 13 avril. Le 13 a toujours eu pour moi une symbolique et une place importante dans ma vie. Il est présent régulièrement, à des moments clés, ou, comme aujourd'hui, lors d'évènements du quotidien.

Je finis un rêve, qui à la fin n'en était plus un. On me parle d'un bateau, de croisières, d'une certaine « Lucie ». Je comprends que je ne suis plus tout à fait endormie. Que je ne suis pas encore tout à fait réveillée. Je suis dans l'entre-deux. Ce moment suspendu, entre ciel et terre. Ce moment tellement propice aux messages des anges, des guides spirituels, des maîtres ascensionnés, des défunts ...

Je prends donc pleinement conscience de cet état, m'en délecte et commence à me questionner sur le reste de ma nuit. Chaque matin j'essaie ainsi de me souvenir de mes songes, et/ou voyages astraux, afin d'en récupérer un maximum d'informations, et donc en tirer bénéfice.

Je me souviens d'un mot : PEUR. J'ai entendu très nettement ce mot, cette nuit, alors que je dormais. J'ai perçu le visage de feu mon ami Gilles, puis ai parfaitement entendu ce mot « peur », comme s'il s'était glissé entre deux rêves, entre deux états de sommeil et de conscience.

Gilles .... Un ami, connu finalement très peu. Magnétiseur, nous nous étions rencontrés lors d'un salon ésotérique. Il m'avait impressionnée par sa présence, sa verve et son charisme. Il dégageait quelque chose de fort et de doux à la fois. Il était rassurant, et enveloppant. Ses paroles reflétaient complètement son expérience, ses connaissances acquises au fil de longues années d'introspection et de travail avec autrui. Je me souviens aussi de son sourire : large et bienveillant.

Il est arrivé dans ma vie alors que je débutais ma carrière professionnelle de médium, le jour de ma première conférence et de ma première médiumnité publique. Il était venu me féliciter à la fin de cette séance. Et nous étions restés en contact ; il avait toujours un mot pour me réconforter, pour faire plaisir.

Une belle personne que mon ami Gilles. Parti trop tôt diront certains. Pour moi, il est monté au moment prévu pour lui et par lui. Un ange parmi les anges ... Son âme a décidé de rejoindre le ciel, pour continuer à aider. Différemment, mais toujours avec autant d'amour et de dévotion.

C'est donc avec plaisir que je me remémore les contours de son visage perçu cette nuit. Mais ce mot .... « peur ».... Pourquoi ? Je fais rapidement le lien.

Gilles pense que j'ai peur de ce qu'il pourrait avoir à me dire. C'est probable...

Je l'appelle donc, toujours couchée, mais réveillée, et lui demande de me rejoindre dans cet espace « médiumnique », cette bulle, ce sas, que j'utilise pour communiquer avec ces énergies désincarnées que nous appelons défunts.

Depuis son décès j'avais reçu un bref message de lui quelques temps après sa désincarnation. Ensuite, je ne l'avais pas sollicité, et ce afin qu'il prenne le temps d'avancer à son rythme et selon son cheminement.

C'est instantanément qu'il est venu me répondre, très calme. Je le vis entouré de livres. Il m'en montra des piles et des piles. Je pense qu'il est donc en plein apprentissage encore de l'autre côté.

Nous avons d'abord échangé quelques paroles personnelles, puis directement il m'a posé une question sur un problème de santé, et m'a fait un soin.

Visiblement, le magnétiseur qu'il était n'avait ni perdu la main, ni cette envie d'aider et de soigner. Après avoir travaillé sur la partie que vous venions d'évoquer ensemble, il se mit à me faire un shake-up complet. Il faut dire que depuis quelques semaines je m'étais mise à accumuler les soucis, médicaux notamment. Bénins, mais me contraignant à m'arrêter quelques temps.

Ravie de sa générosité et de ses conseils de soignant céleste, je lui dis, les larmes aux yeux, que je ne savais comment le remercier. C'est donc tout naturellement, et avec son accent parigot, qu'il me répondit *« Fais un papelard sur moi »*. Il m'indiqua alors qu'il me guiderait.

Ce fut donc conclu entre nous. Je repris mes esprits. Et avant même de regarder l'heure sur le cadran, Gilles me la souffla : 7h37. Je tournai la tête … 7h37.

Je ne suis plus surprise à ce jour de toutes ces précisions parfois qu'ils peuvent nous transmettre, mais tout de même ! En tant que terrestre, je suis toujours subjuguée par leur capacité à ne plus nous laisser douter. Des heures, des chiffres, des détails, des prénoms, des lieux, … ces défunts me fascinent. Par leur anticipation de nos besoins tellement matérialistes. Eh oui …. médium ou pas ….. qu'on le veuille ou non … il nous faut toujours des preuves. Et Gilles venait à nouveau, lui aussi, de m'en donner une belle.

Je me levai donc, pris le temps de me réveiller, puis montai dans mon bureau pour prendre mon ordinateur. *« Une feuille et un crayon »*, me dit il.

J'hésitais, car cela signifiait que j'allais devoir tout retaper ensuite. Il insista. Il préférait *« La bonne vieille méthode »*. C'est donc en écriture intuitive que je pris note de ses mots, pour moi, pour vous, et pour l'humanité.

« Il est des moments dans la vie

Où on aime être seul.

Ce moment c'est le tien,

C'est le mien. »

Effectivement j'avais ressenti depuis quelques temps le besoin de me réfugier en moi-même, de me recentrer. Comme vivant une tempête énergétique, qui demande de se protéger, de se mettre à l'abri. Bien au chaud sous ma carapace, je me suis donc retranchée. J'avais d'ailleurs reçu un message de mes guides spirituels trois jours avant ce contact avec Gilles m'intimant de « m'intéresser à moi-même » ...

Ce moment était le mien. C'était aussi le sien, différemment, de l'autre côté. Sa désincarnation permet en effet à Gilles de se retrouver lui-même, avec son âme.

Ce moment était le nôtre...

« Je ne suis pas monté au ciel

Pour venir te chanter une ritournelle.

J'y suis retourné pour travailler.

J'ai travaillé toute ma vie terrestre en fait

Pour y retourner.

J'ai travaillé dur et sans relâche,

Fort et sans attaches,

Pour comprendre et servir,

Développer ce que je pensais être des capacités.

(Mais dois-je te rappeler

Que nous les avons tous en nous ?

Certains n'ont juste pas encore compris

Comment s'en servir.) »

Cette petite parenthèse de Gilles me fait sourire. C'est un concept en effet que j'ai bien compris et assimilé aujourd'hui : nous sommes tous médiums. A différents niveaux, de différentes façons, mais nous avons tous des capacités psychiques, parapsychiques, paranormales, extralucides, extra-ordinaires, ….

Lorsque notre âme a décidé de le travailler sur son chemin de vie terrestre, alors à un moment où à un autre, cela se rEVEILle. En travaillant ces capacités, nous pouvons alors remplir la mission que nous nous étions fixée bien avant notre naissance : aider, accompagner, sauver, secourir, montrer la voie, enseigner, soigner, orienter, ….

En devenant médium, à l'aube de mes 30 ans, je n'imaginais pas que ma vie prendrait un tel tournant. Et je pensais alors que tout ceci, comme le disent et pensent certains, était un don, dont Dieu avait décidé de me faire cadeau. Je venais de fêter mes 30 printemps. C'est un magnifique présent me direz-vous…

Pourquoi ? Pour quoi faire ? Pourquoi moi ? J'ai longtemps cherché des réponses à ces questions. Puis lorsque j'ai enfin lâché prise, j'ai compris que les réponses étaient en moi : mon âme avait programmé ce chemin avant son incarnation. Il ne tenait qu'à moi, mon moi terrestre, de développer ou non ces capacités, de travailler ou non ce qu'il m'était donné de voir, entendre, comprendre, percevoir, ressentir. Il n'appartenait qu'à moi d'être curieuse et m'intéresser au sujet. Il ne tenait qu'à moi de prendre du temps pour tenter d'appréhender au mieux ces nouvelles facultés. Et il ne tenait qu'à moi surtout … de les utiliser !

Gilles ce matin, vint aussi me rappeler l'importance et la place que j'avais prise dans le monde qui m'entourait, qui était devenu le mien. Il était venu me souffler à l'oreille combien j'étais importante aux yeux de milliers de personnes. Combien j'avais aidé déjà des centaines de familles, grâce à mes séances, conférences, publications, ... Combien m'attendaient quotidiennement des dizaines d'êtres derrière leur petit écran, pour suivre mon évolution, mais surtout, s'abreuvoir de nouvelles idées, réflexions, notions. Combien ces âmes pouvaient se sentir éclairées par mon parcours et les idées que je véhiculais. Gilles venait me demander ... de ne pas arrêter.

Fatiguée, vidée, chamboulée par les dernières vagues énergétiques, l'idée m'avait effleurée. Tout arrêter. Revenir à zéro. Recracher la fameuse pilule rouge pour revenir à une vie « ordinaire ». Lâcher ce foutu lapin blanc et sortir de ce « pays des merveilles » pour retourner dans le monde illusoire, mais ô combien tranquille. (cf « Matrix », film de L&A Wachowski, 1999)

Car oui, parfois, être médium peut être compliqué, usant, déstabilisant, éreintant.

Et, oui, parfois j'ai bien envie de jeter l'éponge, rendre mon tablier, et retourner à ma vie d'avant. Ma vie de sceptique, confortable et naïve. Ma vie d'athée, bien rangée.

Mais mon âme en a décidé autrement. Je ne le regrette pas. J'espère juste chaque jour être à la hauteur, et faire ce que l'on attend de moi. Ce que mon MOI attend de moi...

« Tu fais ta route Mélanie,

C'est bien.

Mais ne reste jamais loin de ce qui t'a amenée ici :

Faire le bien.

Ne te renferme pas.

[Ca, c'était pour toi.] »

Mille mercis Gilles pour ce rappel. Je me sens reboostée et plus sereine. Je reprends confiance en ces objectifs que mon âme s'est fixés. Je reprends conscience de l'importance de la tâche qui m'incombe. Et même si parfois je pleure, je craque, je râle, je tremble, j'ai compris et conscientisé pleinement le rôle qui est le mien.

Gilles ressent sûrement ce regain d'énergie vitale qui remonte en moi. Il doit avoir compris que son travail me concernant touchait à sa fin ; il prend alors la parole de manière plus large, de manière planétaire.

« Vous voyez la Terre comme une fin à tout.

Mais jamais vous ne pensez

Qu'elle pourrait n'être qu'un début ? ...

Il est tellement de mondes ici

Que c'en est perturbant.

Chacun évolue par pallier c'est vrai,

Mais par monde aussi.

Il est de mon devoir de vous l'expliquer. »

Gilles me donne encore quelques explications un peu plus techniques, que je décide pour l'instant de garder pour moi. Le moment venu, il développera sûrement encore plus en détail cette notion, afin que je puisse la transmettre à mon tour.

« Vous avez un grand travail

de nettoyage (énergétique) *à faire actuellement.*

Vous devez faire du tri.

C'est bouleversant, pénible, mais important.

Ceux qui ne le feront pas, seront triés d'office.

Il y aura 2 côtés :

Ceux qui font,

Et ceux qui ne font pas.

Tous auront la possibilité

De rejoindre l'un ou l'autre des côtés à tout moment.

C'est encore là votre chance. »

Gilles parle ici des personnes qui font le bien, qui tentent par tous les moyens, à chaque instant de leur vie, de faire du mieux possible, de faire le bon autour d'elles, de rendre heureux les gens qui les entourent, de mettre en place des actions pour la communauté, pour la planète, qui cherchent à partager, enseigner, soigner,...

Le deuxième côté qu'évoque Gilles serait donc celui des personnes qui ne cherchent pas à comprendre ni agir pour et avec autrui. Des personnes qui sont dans l'incapacité de se décentrer, qui sont dans le côté égotique, égocentrique de leur personnalité. Des êtres qui ne se remettent pas ou peu en question, qui n'avancent pas, qui pensent avoir déjà tout appris, qui ne relaient rien, gardent tout pour eux, ne sont pas dans le partage, ni le don de soi. Des gens très (trop) ancrés dans le monde matérialiste et superficiel.

« Vous avez à travailler sur vous,

Mais ce n'est plus l'essentiel.

Vous vous devez de laisser ce que vous aviez entrepris

Pour le chemin égotique de votre âme propre,

Pour vous tourner vers le chemin universel

De l'amour et de la fraternité. »

Lorsque nous nous incarnons, notre âme fait le choix de travailler certaines notions, d'apprendre certaines choses, de remplir certains contrats passés avec d'autres âmes, etc… Et cela pour l'évolution de sa propre âme, laquelle fera alors évoluer l'humanité, mais aussi la Source, dont nous sommes tous issus.

Par ce présent message, Gilles sous-entend que nous devons donc laisser de côté, temporairement ou pas, cet aspect « individualiste » de l'évolution spirituelle pour enclencher le pilotage en mode universel. Il nous explique ici qu'il est désormais temps de voir les choses en grand, de penser de façon plus unie, plus harmonieuse avec le monde dans lequel nous vivons.

« De grands évènements vous attendent,

Vous n'allez pas en revenir.

Et par la suite, la porte sera poussée ;

Vous ne pourrez plus faire marche arrière. »

Je n'ai pour cela reçu aucune information complémentaire. Gilles ne m'a soufflé ni montré de quoi il pouvait s'agir.

Et concernant « la porte », idem. Je suppose qu'il veut parler de l'évolution spirituelle de l'humanité et du franchissement d'un cap, d'une étape nécessaire à notre avancement.

Quelques mois plus tard, je ferai le lien avec les données concernant le taux vibratoire terrestre : en effet celui-ci a quadruplé en cet été 2017. Probable que Gilles faisait allusion à cela (entre autre).

« Je descends ici régulièrement

(il parle de la Terre)

Pour vous prévenir,

Pour aider,

Car c'est (à nouveau) la mission

Que l'on m'a confiée. »

Gilles parle peut-être là d'une mission céleste antérieure à celle qu'il vit actuellement ; ou bien encore d'une mission d'aide comme il a pu en avoir lors de sa précédente incarnation (puisqu'il était guérisseur).

Il change alors de sujet, et utilise un conseil qu'il m'avait donné de manière personnelle une heure avant et qui concerne le traitement médicamenteux que je prends pour me soigner.

J'ai tenu à maintenir ce passage très personnel, car finalement les conseils qu'il y donne sont absolument universels et très importants.

« Tu as avalé des pilules

Qui ne te servent à rien,

Et tu le sais.

C'est ce genre de comportement aussi

Qu'il faut changer.

Arrêtez de vous laisser dicter, conduire,

Comme des moutons de Panurge.

Arrêtez de croire tout ce qu'on vous dit.

Vous n'êtes pas des bêtes

Qu'on emmène de force à l'abattoir.

Vous êtes des bêtes

Qu'on emmène gaiement se faire tuer.

Car vous gobez tout,

Dans tous les sens du terme.

Soyez vigilants

Il y va de votre santé,

Mais aussi de celle de votre Planète.

(Re)découvrez le VRAI goût de la Terre

Et des choses cultivées.

Faites de ce que vous mangez une priorité.

(Je ne suis pas un exemple, dit-il) »

Effectivement, je ne suis pas sûre que dans cette récente incarnation il suivait ce genre de principe alimentaire. Mais visiblement son arrivée de l'autre côté lui a permis de découvrir certaines choses sur le sujet.

« Accordez-vous le temps de la réflexion,

Mais s'il vous plaît mangez sainement,

Ou le plus sainement possible,

Et faites de même pour vos petits.

Toute ma vie j'ai combattu les idées fausses,

Les faux-semblants,

Les ignares,

Les fachos.

Toute ma vie terrestre en tant que Gilles

J'ai fait des choix tranchés,

Qui n'appartiennent qu'à moi,

Et à personne d'autre.

Et de cela je suis fier.

Je suis fier de ne pas m'être laissé embrigader

(Ou alors pas longtemps)

Et d'avoir suivi ce que certains appellent « intuition ».

C'est votre cœur en fait.

Tout simplement.

Mais bordel ! Croyez en lui merde ! »

Je reconnais bien là la verve et le verbe haut de Gilles lorsqu'il voulait défendre une idée qui lui semblait juste et importante.

« Il bosse pour rien sinon,

Ou si peu.

Tu ne peux pas dire le contraire

Toi qui travailles dedans. »

Oui Gilles ... je suis d'accord. Notre intuition, notre petite voix intérieure, est tellement mal exploitée, tellement bafouée, par notre mental, notre ego. Il n'est de plus grand lynchage que celui que nous nous infligeons au quotidien. Celui du doute qui chaque fois reprend le dessus. Celui de la pseudo raison qui passe au-delà des choix du cœur. Celui du matérialisme qui terrorise le spirituel.

Oui Gilles ... Tu as raison. Nous ne croyons pas assez en lui. En notre cœur. Porteur de notre petite flamme intérieure. De cette étincelle de vie qui nous fait tant grandir. Nous lui préférons l'ego, pourtant si plein de doutes, rancœurs, incompréhensions, colères, tristesses, ... C'est le propre de l'humain. Seuls l'éveil et un chemin quotidien et perpétuel vers la spiritualité peuvent élever le niveau de conscience de l'être divin que nous sommes. Mais dont nous n'avons pas (ou peu, ou plus) connaissance.

« Voyez les choses de plus haut,

Prenez de la hauteur,

Arrêtez de vous centrer sur vos petites personnes. »

Il me montre alors, en un battement de cil, la misère du monde. Des enfants assoiffés et affamés. Des peuples brimés et désolés. Des figures humaines blafardes et tristes. Des regards empreints de désespoir et de souffrance.

En un millième de secondes cette vision me remet à ma place. Une terrienne parmi tant d'autres. Des millions d'autres. Des milliards d'autres. Une terrienne bien chanceuse. Bien heureuse. Vivant dans le confort moderne. Et se plaignant de tout ...

Un grain de sable sur la Terre. Un grain de poussière dans l'Univers.

« Attelez-vous à faire toujours le bien

Partout où vous passez.

Moi, c'est (c'était) ma devise. »

Je suis touchée, bouleversée par les propos et les visions de Gilles. En quelques mots, en quelques images, il m'a remise et recentrée à ma place, ma condition d'être humain, incarné pour avancer, mais aussi et surtout pour faire avancer le monde.

Chacun à son échelle, à petit pas, nous pouvons le faire changer, évoluer. C'est cela notre mission.

Chaque sourire posé sur un autre être humain peut avoir des conséquences sur des dizaines. C'est l'effet papillon.

Je reprends doucement conscience de cet état de grâce dans lequel finalement j'évolue au quotidien. Et je me lave par ces mots finement déployés sur ce papier, de toute la noirceur, de toute la grisaille, que l'ego et l'égocentrisme, insinuent un peu plus en moi chaque jour, à mon insu (quoique...).

Je me détache de cette lourdeur, de cette pesanteur, qu'est la matière qui m'entoure. Pour me lover plus haut, dans les nuages, auprès de Gilles, et regarder différemment ma situation, ma position.

Comme il est important de se rappeler régulièrement notre condition, mais comme il est tout aussi important de s'en extraire régulièrement et prendre de la hauteur.

« Bon...je suis assez resté.

Je sens que la matière m'emporte à nouveau.

Je le sens dans mes mots et dans mes émotions.

(il rit)

J'ai encore du boulot à faire sur ça. »

J'ai constaté en effet que lorsque les défunts venaient communiquer avec un être humain, ils pouvaient parfois leur être long et compliqué de repartir de l'autre côté. Ils pouvaient aussi de nouveau se ré-ancrer dans la matière et faire ainsi ressortir des émotions, des souvenirs difficiles, lourds à porter.

Gilles en témoigne ici avec ce paragraphe. Après avoir passé un moment à mes côtés, sur le plan terrestre (ou presque), il ressent fortement cette matière dont il s'est défait il y a quelques mois, pour s'alléger.

« Toi lecteur, que je ne connais pas,

Imagine-toi un petit bonhomme,

Un petit bout d'homme.

Trapu, mais pas trop.

Drôle et triste à la fois.

Un sourire qui en dit long

Et qui cache tant de choses à la fois.

Un homme quoi ...

Repense à moi de temps en temps... »

Je ne sais ici s'il me parle à moi ou s'il vous parle à vous, lecteurs.

Un peu des deux je pense ...

Il termine son échange par quelques mots me concernant. Ce dont je le remercie infiniment. J'ai hésité là aussi à les éditer, car ils me sont absolument personnels. Mais ces propos résonnent en moi comme une étincelle joyeuse et vivante. J'avais donc à cœur de les partager avec vous.

« Tu es la fierté de ce métier.

Loyauté, droiture et honnêteté

Des comme toi il y en a peu,

Et c'est dommage.

Mais toi et moi … on sait.

Je t'embrasse »

Il signe Gilles, d'une écriture qui ne m'appartient pas (sûrement par écriture semi-automatique). Puis me laisse à nouveau un mot personnel.

« Tu m'as fait le bonheur

De te parler et de te soigner.

C'est une grande fierté.

Ne change rien.

Une belle fleur pour une belle plante. »

Et Gilles de me faire crayonner une tulipe (ma fleur préférée). C'est alors que j'ai compris qu'il tenait réellement mon crayon, car jamais je n'aurais pensé à la dessiner ainsi : il en fait une jolie esquisse, alors que moi j'en aurais juste dessiné les contours…

Merci Gilles pour ce merveilleux échange et ces conseils. Merci pour ta bienveillance.

Manon, une mélodieuse messagère

21 juin 2017

Manon est une jeune femme décédée à l'âge de 22 ans. Sa maman Isabelle m'a contactée fin 2016 afin de programmer une séance de contact défunt avec sa fille. Un premier rendez-vous a donc eu lieu en janvier 2017. Celui-ci se révéla extrêmement riche, c'est l'une des plus belles séances de ma vie. Elle me restera très longtemps gravée en mémoire.

En effet, cette séquence s'est faite à distance, par téléphone. Elle fut filmée par une caméra, chez moi, et retransmise sur Youtube, selon les souhaits de sa maman. En effet, Isabelle m'expliqua qu'elle avait beaucoup apprécié de pouvoir visionner les séances de contacts défunts dont les familles autorisaient la diffusion sur ma chaîne Youtube.* Ces vidéos l'avaient beaucoup aidée à comprendre et surmonter cette dure épreuve qu'est la perte d'un enfant. Il était donc tout naturel pour elle de partager à son tour, tel un cadeau, ce beau moment avec d'autres.

**Chaîne Youtube « Mélanie Médium »*

La séance dura moins d'une heure. Elle fut téléchargée puis déposée sur internet. Ce que nous découvrîmes à son visionnage fut hallucinant !

Manon dialoguait avec nous tout au long de la séance.* Bien-sûr elle s'adressait à moi par télépathie et clairaudience. Bien-sûr je transmettais par canalisation auditive, visuelle et kinesthésique ce que Manon me donnait comme message. Mais ce que nous entendîmes en regardant, mais surtout en écoutant cette bande vidéo, était incroyable ! Manon s'exprimait à travers le caméscope, et on entendait très clairement sa voix pendant notre échange téléphonique d'avec sa maman.

Depuis 2015 j'avais remarqué que les défunts s'invitaient sur mes vidéos et qu'ils utilisaient ce support pour prouver leur existence, pour confirmer certains messages, pour s'exprimer, tout simplement. On retrouvait alors quelques PVE sur certaines vidéos, puis fin 2016 sur quasiment toutes. (Pour rappel, PVE = Phénomènes de Voix Electroniques ; ce sont des messages auditifs très courts, des mots, prononcés par d'autres « personnes » que les interlocuteurs et qui sont considérés comme des voix électroniques, dans le sens où l'entité utilise les outils comme le téléphone, l'ordinateur, le caméscope, ... pour communiquer.)

**Voir la vidéo « Contact défunt et TCI Manon 19janv2017 Mélanie Médium »*

Des messages courts, bien souvent, comme « oui », « non », « c'est sûr », « absolument », « Je vous aime »,... viennent donc ponctuer mes séances de contacts défunts (et quelques séances de messages des guides). Parfois on en trouve deux ou trois dans la séance, parfois un peu plus. Et plus rarement, plusieurs dizaines.

Ce fut le cas pour Manon, qui, non contente de communiquer avec moi par le biais de la médiumnité, s'est intégrée parfaitement à notre conversation duo avec sa maman, qui donc finalement est devenue pleinement une conversation à trois. A la fin de la vidéo, je remercie donc Manon, sans savoir encore tout ce qu'elle nous a aussi transmis par le biais du caméscope et des PVE. Et en réécoutant la bande, on l'entend clairement me réponde « J't'en prie ».

La voix a clairement été reconnue et confirmée par sa famille. Sans nul doute. Et on perçoit très nettement que ce n'est ni la mienne ni celle de sa mère.

Il est à noter aussi que dans la plupart des cas, les PVE sont mieux perceptibles avec un casque, cependant avec Manon, le casque est quasi inutile, tellement sa force d'expression est forte et audible.

Vous imaginez donc le bonheur de sa famille, et de sa maman à la lecture de cette bande ... ! C'est donc avec plaisir que j'ai accepté quelques mois plus tard un nouveau rendez-vous avec Manon et sa maman Isabelle.

Entre cette prise de rendez-vous et le rendez-vous lui-même, bien des choses se sont passées pour moi. Personnelles, médicales, professionnelles… En plein dans une nuit noire de l'âme*, j'avais pris la décision de stopper toutes mes séances et d'annuler tous mes rendez-vous.

En effet, je ne me sentais, au début, pas en capacité, car des soucis de santé m'ont poursuivie durant plusieurs semaines. Puis une certaine prise de conscience s'est faite en moi, me révélant un nouveau chemin à suivre, plus en adéquation avec mon évolution spirituelle et mon ascension énergétique. Un mail fut donc envoyé aux dizaines de personnes avec lesquelles j'avais posé une date, une rencontre, une séance. Tous se virent annuler leur séance, avec mes plus plates excuses.

Cependant, concernant Manon, quelque chose me retenait. Ne sachant quoi, je décidai donc d'attendre un peu et de laisser faire l'Univers (et Manon) avant de prendre une décision.

**Voir ma vidéo à ce sujet « La nuit noire de l'âme *mai2017* Mélanie Médium »*

Tout d'abord la date prévue pour la séance n'était pas anodine pour moi : 21 juin, fête de la musique, jour de l'été, solstice. Isabelle sa maman m'avoua ensuite que cette date faisait sens aussi pour elles deux, car il s'agissait d'une date anniversaire concernant l'évolution de sa maladie : Manon était atteinte de la mucoviscidose et avait subi plusieurs hospitalisations, greffes et interventions à cette période (juin).

C'est avec beaucoup d'appréhension tout de même que je voyais les jours défiler et la date arriver. Voilà déjà trois mois que je ne faisais plus de contact défunt. Allais-je y arriver ? Avais-je encore ces capacités ? Les défunts avaient-ils encore envie de passer par moi, de dialoguer à travers moi ? Le mental dans ces cas là reprend le dessus, et je peux vous dire que pour le coup, mon mental avait pris une place prépondérante ...

J'en parlai donc à Isabelle en lui soumettant la possibilité que cela ne fonctionne pas, que je ne sois pas réceptive, que la séance ne dure pas longtemps, ... Bref, j'anticipais déjà tous les scénarii « catastrophes » avant même d'avoir demandé à l'intéressée ce qu'elle en pensait. Eh oui ! Il aurait été plus judicieux sûrement de demander directement à Manon si elle souhaitait toujours maintenir ce rendez-vous. J'aurais pu aussi demander à mes guides ce qu'ils en pensaient. J'aurais pu leur demander de m'accompagner, de me donner la force...ou bien de m'expliquer clairement que même ce dernier rendez-vous, cette dernière tentative était vaine. Bref ... j'étais complètement absorbée par mon mental, et ma connexion avec le divin et l'invisible me semblait bien compromise.

C'est une semaine avant que j'ai reçu un message de Manon, qui me parut être une réponse aux questionnements sans fin que m'infligeait mon cerveau à cours d'arguments. Je roulais en voiture, avais mis un CD, et chantais. J'aime ces moments où je suis seule avec moi-même, où je laisse divaguer mon esprit, ma créativité, car lorsque je conduis, ou me balade seule, mon esprit se met en mode « idées à foison ». Je profitai donc de ce doux moment de complicité avec moi-même, aiguisant mes cordes vocales sur une chanson d'Ayo, une artiste que j'aime beaucoup. C'était son premier album. Je le connais presque par cœur. Chanteuse depuis des années, c'est toujours avec plaisir et naturel que je laisse s'envoler les notes. La chanson se termine, et j'entends alors, dans ma tête (par clairaudience) : *« Elle a mal posé sa voix. »*.

Effectivement, c'était extrêmement subtil, mais la voix sur la fin de la musique n'était pas tout à fait juste. Moi qui avais été déclarée comme ayant l'oreille absolue à l'aube de mes 15 ans, j'avais perçu cette légère non justesse dans la fin de la note. (Tiens quand j'y pense, pour une médium clairaudiente, c'est drôle d'avoir l'oreille absolue ! Pour ceux qui ne connaissent pas ce terme, il s'agit de la capacité pour une personne de reconnaître la justesse d'un son, d'une note ; en chant cela me fut donc très pratique. Possible que cela me soit effectivement aussi très pratique dans ma médiumnité...)

Curieusement, je ne me suis même pas posé la question de savoir qui m'avait parlé. Je le savais. Parmi les milliers de personnes qui suivent mon travail et les centaines (ou milliers peut-être bien ...) de défunts que j'ai déjà côtoyés, la signature vibratoire est telle, que l'on sait, comme une évidence. Si c'est un défunt que l'on connait, on sait. C'est très particulier, et difficile à expliquer concrètement, mais on a connaissance intuitivement de la réponse. Cela s'apparente à la clairconnaissance. Notre âme reconnait l'âme de celui ou celle qui tente de communiquer avec nous. Lorsque par contre je ne connais pas encore le défunt, je pose alors la question, et il me répond en se présentant.

C'est donc sans aucun doute ni aucune hésitation que j'ai su que c'était Manon. A peine rentrée chez moi, j'envoyai un message à sa mère, afin de lui partager mon court partage avec sa fille. Elle me précisa alors que Manon adorait la musique (la date du 21 juin n'était donc pas un hasard...) et qu'elle aimait beaucoup chanter. Elle me demanda de quelle chanson il s'agissait, quelles paroles, quel artiste. Je ne sus lui répondre aux deux premières questions, mais lui indiquai que j'écoutais Ayo lorsque j'entendis Manon se manifester. Elle me répondit alors que sa fille adorait cette chanteuse.

Je décidai donc que ceci était un signe afin que je conserve son rendez-vous. Je confirmai alors la date à Isabelle en lui faisant part du fait que j'avais ressenti aussi que Manon avait envie de communiquer par écrit avec moi, pour mon livre.

Nous étions le mercredi matin précédant la séance, à peine rentrée et envoyé le message à Isabelle, j'attendais donc patiemment que Manon revienne vers moi pour me faire écrire. La matinée se termina sans message. L'après-midi rien. Le lendemain rien. Je commençais à douter. Et si je n'avais pas compris ? Et si je m'étais trompée ? Et si finalement ce n'était plus pour moi tout ça ?

Rebelote, le mode mental avait remis le turbo et tournait à plein régime. Néanmoins, j'avais gardé un superbe souvenir de cette première expérience avec Manon ; je me réconfortais donc et me donnais du courage en me disant que peut-être elle aurait la force et la gentillesse de se manifester à nouveau pleinement via mon caméscope durant la séance avec sa maman.

C'est donc entre appréhension, confiance, doute, stress, joie, impatience, que je m'apprêtais à mener cette prestation du 21 juin. Le rendez-vous était fixé à 9h. Je me préparais, lorsque je me souvins que ma fille ne partait pas avant 9h30. Panique !!! Déjà que j'avais peur d'être dissipée et déconcentrée par mes propres pensées, si en plus ma fille était dans les parages, ça n'allait pas le faire du tout !

Hors de question d'annuler. Hors de question de reporter. J'allais assumer. Je proposais donc juste à Isabelle de décaler d'une demi-heure afin d'éviter le bruit, l'agitation et l'inconfort d'une autre présence dans la maison.

Une demi-heure …. J'étais déjà prête. Le matériel était posé sur la table. Tout était préparé. Qu'allais-je bien faire pendant cette demi-heure ? Une méditation ? Ecouter un peu de musique ? Lire mes mails ? Ca non, je m'y refusais ; je voulais être tout à fait imprégnée des vibrations de Manon et ne voulais me laisser distraire par aucune autre préoccupation. Je doutais tellement du bon déroulement de la séance … Il était hors de question de me détourner de ma concentration.

Je commençais donc à noter, comme je le fais à chaque début de séance : nom, prénom de la défunte, celui de sa maman, je vérifiais le numéro de téléphone, la photo que j'allais utiliser…. C'est alors que je ressentis l'envie d'écrire. Manon était là. 9h00 pile poil. Elle était au rendez-vous, à l'heure initialement prévue. J'entamai alors une séance d'écriture intuitive, que je pensais de quelques mots, mais qui finalement me prit 3 pages, de ce grand cahier jaune que j'utilise lors de chacune de mes sessions.

Manon était prolixe. (Tiens d'ailleurs ce terme vient juste de m'être soufflé, car ce n'est pas dans mon vocabulaire usuel ; j'ai même dû en vérifier le sens. Est-ce de nouveau Manon qui me souffle les mots qu'elle veut voir apparaître dans cet ouvrage ? Est-ce elle qui est revenue à mes côtés pour me guider ? ...) Ce petit bout de femme avait la verve facile et je ressentais un caractère absolument déterminé. Une âme très évoluée et pleine de bienveillance.

J'écrivis donc durant presque une demi-heure (joli timing Manon !). Une fois terminé, j'avais vraiment hâte d'appeler sa maman pour lui transmettre les mots de sa merVEILLEuse fille. J'avais les larmes aux yeux, je tremblais, je ressentais de nouveau le souffle de l'invisible posé sur moi, tourbillonner autour de mon aura, me chatouiller le coronal (chakra en forme de lotus à mille pétales, situé au sommet du crâne).

J'avais réussi ! J'y étais arrivée. J'avais repris. Enfin. Après trois mois d'arrêt. Après trois mois de coupure. Comme une longue pause au fin fond de moi-même. J'avais réussi à nouveau à communiquer avec le divin autour de moi. J'avais laissé entrer la lumière de l'au-delà à travers mon être. Terrestre, mais néanmoins divin, lui aussi.

Pas peu fière de tout cela, mais aussi des mots **MAG**n**I**fiqu**E**s que venait de me confier Manon, j'étais comme une gamine, excitée comme une puce, à l'idée de partager ça avec Isabelle, mais aussi avec vous. Avec le monde entier.

Aujourd'hui, en écrivant ces mots, je suis à nouveau fébrile, à l'idée que vous, lecteurs, vous lisiez ses paroles. Pureté et profondeur les caractérisent. Je vous invite donc à fermer les yeux quelques secondes. Pour vous laisser, vous aussi, traverser par la douce lumière de la vie. La douce et chaleureuse lumière de cet invisible, qui nous entoure, nous accompagne. Ressentez par l'air que vous inspirez, par l'air que vous expirez, la puissance de la vie, et de la Source.

Puissent les mots de Manon vous reconnecter à vous-même. A la plus belle partie de vous. A celle qui aime la vie. Qui la dévore. A cette partie de vous qui fonce, qui vit pleinement, intensément.

Je dédie aussi ce texte à tous les parents qui ont eu la difficile et très douloureuse épreuve de perdre un enfant (et les larmes me montent en vous écrivant cela ...). Isabelle se joint à moi pour vous dire que rien n'est perdu. Tout est là. Encore. Et pour toujours.

« A l'aube de ma jeunesse,

J'ai vu passer des dizaines de personnes

Dans des états pires que le mien.

J'ai vu la souffrance dans les yeux des mamans.

J'ai vu pleurer du personnel médical. »

J'ai donc lu ce texte à Isabelle en début de séance.*

Elle a de suite confirmé que le personnel médical qui a accompagné Manon pleure encore sa disparition.

« J'ai ressenti pleinement le bonheur d'être vivant.

Manon ne dit pas « vivante ». Elle utilise volontairement le terme au masculin afin de le rendre universel.

Ce besoin, cette furieuse envie de vivre,

Cette connexion avec le tout et avec le UN.

C'est ici que j'ai appris à déployer mes ailes vraiment.

**Voir la vidéo « Contact défunt Manon *21juin2017* Mélanie Médium »*

En disant « ici » elle parle de l'au-delà.

Mais me savoir en danger (malade) m'a réellement permis de VIVRE.

Faut-il vraiment cela pour vivre ?

Faut-il vraiment être à l'agonie

Pour ressentir en soi, à travers soi, le souffle de vie ?

Je suis la preuve que la vie après la vie existe bel et bien.

Elle parle notamment de la vidéo du 19 janvier 2017 citée quelques pages plus tôt.

Je l'ai prouvé,

Je le prouverai encore.

J'ai à cœur de faire avancer les gens

Vers leur propre spiritualité,

Vers leur cœur,

Vers leur humanité.

Soyez sûrs que j'œuvrerai en ce sens

Tout le temps de mon passage de cet « autre côté »

Comme vous l'appelez.

Je suis là.

Je suis tout.

Je suis toi.

Je suis moi. »

En disant ces mots, je sais que Manon me parle à moi, mais elle parle aussi à sa maman, et à vous, à toi, lecteur, qui lis ses mots.

« Plus rien n'a de limites ni de frontières,

Ni mon corps, ni mon âme, ni mon cœur.

Je suis.

Je suis libre, mais toi aussi.

Prends-en pleinement conscience

Avant qu'il ne soit trop tard,

Que ton temps sur terre soit écoulé,

Que tu n'aies plus assez de force pour continuer.

Vis maintenant, pleinement.

Ne te laisse plus emporter

Par le flot de pensées incessantes.

Vis, ressens, respire …

Tu as cette chance,

Saisis-la !

Mon passage « de l'autre côté »

Etait prévu par mon âme,

C'est moi qui l'ait voulu et programmé ainsi. »

Lors de mon échange avec sa maman, nous comprendrons l'une et l'autre de quoi parle Manon ici. Tout était programmé. Sa pathologie, son décès, mais aussi les conditions de celui-ci. Plusieurs erreurs médicales portent à croire que la date de sa mort a été précipitée. Isabelle, à ce jour, a entamé une procédure afin de le prouver et de faire valoir le droit à réparation. Elle espère ainsi récupérer une certaine somme d'argent, afin de créer une association venant en aide aux familles endeuillées. Manon nous montre ici que même si les conditions de sa mort ne sont pas simples, elles ont cependant un sens. Et que sans ces évènements particuliers, Isabelle n'aurait pu solliciter la justice, réclamer une compensation, et l'utiliser en faveur des parents ayant perdu un enfant. La vie est cruelle, mais tellement bien organisée ...

« J'ai vraiment un grand rôle à jouer de cette manière,

Et maman aussi.

Nous serons (nous sommes)

Des éveilleuses de conscience,

Des consciences endormies,

En sommeil.

Des consciences trop réfléchies,

Matérialistes.

Il est de notre devoir elle et moi

De nous attacher à faire évoluer les mentalités.

Elle est moi,

Je suis elle,

Nous ne faisons qu'un. »

(Elle me montre 2 mains unies, entrelacées.)

Isabelle me confiera lors de la lecture de ce texte que c'était quelque chose de spécial entre elles. Manon lui écrivait en effet souvent en ces termes.

« Il est important qu'elle prenne désormais sa place,

Qu'elle l'accepte.

Elle n'est pas que ma mère,

Elle est une mère de l'humanité. »

Ces dernières paroles me bouleversent. Je suis entre une joie indicible et une gratitude infinie. Manon signifie ici à sa mère qu'elle a un rôle important à jouer elle aussi. Qu'elle a une place toute particulière : elle est une maman pour sa fille, mais aussi, et surtout, une mère, aux yeux de l'humanité. Une mère qui a perdu son enfant. Une mère qui a su comprendre que finalement .... elle ne l'avait pas perdu tant que ça. Une mère qui a su capter les messages et signes de sa douce disparue. Une mère qui croit en la possibilité d'une vie après la vie. Une mère qui a à cœur d'aider son prochain, qui tend la main aux familles qui elles aussi ont « perdu » un enfant. Une mère qui saura partager son vécu, mais surtout son amour. De la vie. Et de la vie après la vie.

Après la séance filmée, Isabelle m'a expliqué hors caméra le combat et le calvaire de sa fille il y a deux ans, juste avant de décéder. Elle me disait que Manon avait vécu 39 jours horribles avant son dernier souffle. De suite ce chiffre m'a parlé. Il me semblait évoquer une référence théologique, mais laquelle ???

Après réflexion, j'ai cherché du côté biblique. En effet, il y est question du Carême, qui dure 40 jours. Le quarantième jour étant celui de la délivrance, de la renaissance, et du renouveau. Voilà un joli symbole pour Manon.

D'autres références ont aussi été évoquées, et l'une d'entre elles a fait écho en moi :

« La valeur numérique du mot hébreu IEVE AHD, signifiant « Dieu est UN » équivaut à 39. »

Dieu est UN. Nous ne faisons qu'UN. Manon en parle plus haut dans ses propos. Elle est une âme tellement avancée, tellement évoluée. Ce texte me donnera sûrement encore matière à réfléchir. Peut-être y trouverai-je plus tard des sens cachés, des indications codées. Le monde de l'invisible est fascinant. Tout est relié. Tout ne fait qu'UN.

En écrivant ces dernières lignes, je me rends compte que ce chiffre 39 me rappelle aussi quelque chose de très personnel. Ancienne éducatrice spécialisée j'étais arrivée 39ème à mon concours d'entrée en école d'éducateurs. Et je m'étais fait la réflexion que 39 = 3 x 13 .... 13, un chiffre qui me suit depuis avant ma naissance.

Manon ravive ici la notion du tout dans le tout. De l'UNité dans l'UNfini. Rien n'est hasard, tout n'est que rencontre et découverte.

Merci Manon.

Merci d'avoir ravivé la flamme qui brillait en moi.

Merci d'être.

Encore.

Même .... De « l'autre côté »...

L'auteur

« Mélanie Médium », de son vrai nom Mélanie Ducloy épouse Delaudier, est née en 1980 à Boulogne sur mer (62), en France.

Farouche athée initialement, elle a connu une enfance et une éducation anti-catholique et rationaliste.

Diplômée éducatrice spécialisée, après plusieurs années d'études en psychologie et sciences sociales, elle passe cinq ans sur le terrain avant de rejoindre le secteur de la formation professionnelle.

C'est à l'aube de ses 30 ans, après l'achat d'une maison ancienne, que sont apparus les premiers phénomènes paranormaux inexpliqués. Une ouverture inattendue vers la spiritualité et la médiumnité.

Elle devient alors voyante et médium. Quelques années plus tard, elle développe ses capacités au niveau énergétique et propose aussi des soins. Son parcours professionnel initial lui permet de proposer en complémentarité du coaching, des stages et des conférences régulièrement.

Amoureuse des mots, c'est tout naturellement que l'écriture, et notamment l'écriture intuitive, est devenue l'un de ses outils de travail et de communication avec les défunts, les entités, les guides célestes.

Cet ouvrage est son deuxième opus. Un premier oracle « Messages des guides Tome 1 » était paru durant l'été 2017. Le tome 2 est prévu fin 2017. Un oracle et un livre reprenant des messages de défunts, canalisés lors de séances individuelles ou de contacts spontanés sortiront courant 2018.

Ce livre portant sur sa médiumnité et regroupant plusieurs échanges avec l'au-delà est son premier essai en la matière. Un roman est aussi en cours d'écriture, portant sur le développement personnel (entre autre). D'autres projets sont en préparation, dont un « Questions/réponses sur la médiumnité ».

Pour suivre son activité, vous pouvez la rejoindre sur Youtube et Facebook sous le pseudo « Mélanie Médium ».

Pour connaître ses dates de stages et conférences, et acheter ses ouvrages, rendez-vous sur son site internet : http://melaniemedium.wixsite.com/melaniemedium

28819393R00090

Printed in Great Britain
by Amazon